# Who am I?

# WHO
# AM I

## 나는 누구인가?

오아론 목사 지음

좋은땅

| 차례 |

### 1부    나는 하나님의 아들

1. 나는 전능하신 하나님의 아들이다 _ 14
2. 나는 항상 1등을 하는 사람이다 _ 22
3. 당신에게 가장 복된 소식을 전합니다 _ 33
4. 하나님은 당신을 애타게 기다리십니다 _ 42
5. 나의 신분을 잊지 않고 살았다 _ 55
6. 주님의 부르심을 받다 _ 65
7. 거처할 집과 쉴 곳을 주셨다 _ 71

### 2부    나는 하나님의 동역자

1. 성령 세례를 받다 _ 86
2. 성령의 은사가 임하게 되었다 _ 94
3. 병 고치는 은사를 주셨다 _ 100
4. 특별한 은사자란 없다 _ 108
5. 나의 영적 성장에 영향을 끼친 사람들 _ 121
6. 나는 예수의 이름으로 명령한다 _ 126

7. 팔 다리를 자라게 하고 교정하라 _ 133

8. 귀신을 쫓아내다 _ 140

9. 천사는 항상 나를 돕고 있다 _ 150

10. 단기 선교 보고 _ 157

11. 대한민국을 선교의 국가로 세우셨다 _ 164

12. 나는 교단 상임 총무였다 _ 171

## 3부 하나님의 경륜과 나의 믿음

1. 하나님의 경륜 _ 178

2. 나는 부자로 살아갈 것이다 _ 188

3. 나는 건강하게 살아갈 것이다 _ 193

4. 나는 125세까지 살아갈 것이다 _ 198

| 머 리 말 |

"후 앰 아이(Who am I)? 나는 누구인가?"

당신은 당신 자신에 대해서 말한 대로 오늘날 당신이 되어 있습니다. 말은 씨앗과 같습니다. 우리가 무언가를 말할 때, 당신은 당신이 말하는 것에 생명을 줍니다. 당신이 그것을 계속 말하면 결국 현실이 될 수 있습니다. 당신이 그것을 깨닫고 있든 아니든, 당신은 당신의 미래를 예언하고 있고 당신의 미래에 씨앗을 심고 있는 것입니다.

후 앰 아이(Who am I)? 나는 누구인가? 당신은 당신을 누구라고 말합니까? 당신의 신분은 누구입니까?
"나는 …이다.", "I'm…"
당신이 당신 자신에 대해서 말하는 대로 당신의 미래는 결정됩니다. 또는 다른 사람이 당신에 대해서 말하는 대로 당신이 그것을 마음에 두면 당신의 미래는 그렇게 됩니다. 당신이 당신 자신에 대해서 말하는 것도 중요하지만, 다른 사람이 당신에 대해서 말하는 것도 아주 중요합니다.

그래서 성경에서는 이름을 바꾸는 경우가 많이 있습니다. 하나님께서는 아브람(큰아버지)을 아브라함(열국의 아버지)으로, 사래(나의 주인)를 사라(열국의 어미)로, 야곱(속이는 자)을 이스라엘(승리자)로 바꾸었습니다. 그 후에 그들의 운명이 바뀌었습니다.

당신은 당신을 누구라고 말합니까?
"나는 아름답다."고 말할 때, 아름다움, 젊음 및 신선함이 당신 쪽으로 찾아오기 시작할 뿐만 아니라, 당신의 정신 안에도 당신이 특별한 사람처럼 자신을 만들어 갑니다. 자기 이미지가 좋아지기 시작하고, 자신이 특별한 사람처럼 자신을 만들기 시작합니다.

하나님은 의도적으로 당신을 지금 있는 그대로 만드셨습니다. 그분은 당신의 외모, 키, 피부색, 코, 성격을 주셨습니다. 당신에 대한 어떤 것도 우연이 아닙니다. 하나님은 당신을 그의 걸작품이라고 부르십니다. 자신을 낮추고, 매력 없고, 너무 키가 크거나, 너무 짧거나, 이것으로 충분하지 않거나, 너무 많다고 생각하는 대신, 아침에 일어나서 "나는 걸작품입니다. 나는 하나님의 형상대로 창조되었습니다."라고 감히 말하십시오.

다윗은 시편 139편에서 이렇게 말했습니다. "주께서 내 내장을 지으시며 나의 모태에서 나를 만드셨나이다. 내가 주께 감사하오음은 나를 지으심이 심히 기묘하심이라. 하나님이 하신 일은 훌륭합니다. 나는 놀랍습니다. 나는 하나님의 걸작품입니다."

우리 대부분은 자기에 대해 놀라운 것이 없다고 생각합니다. "나에게는 특별한 것이 없다. 나는 평범하다. 나는 그저 보통입니다."라고.

그러나 사실은 당신은 평범한 사람이 아닙니다. 당신은 이 세상에 오직 하나인 특별한 사람입니다. 당신은 다른 사람이 가지고 있지 않은 지문을 가지고 있습니다. 결코 또 다른 당신은 이 세상에 없을 것입니다. 당신과 똑같이 생긴 당신에게 일란성 쌍둥이가 있더라도, 당신과 같은 성격, 같은 목표, 같은 지문을 가지고 있지 않습니다. 당신은 하나님의 원본입니다.

시인 송명희는 뇌성마비를 앓아 평생을 고통 가운데 지내면서도, 정상인들조차 고백하기 힘든 '공평하신 하나님…'에 대해 시를 썼습니다. "나 남이 못 본 것을 보았고, 나 남이 듣지 못한 음성 들었고, 나 남이 받지 못한 사랑 받았고, 나 남이 모르는 것 깨달았네. 공평하신 하나님이 나 남이 없는 것 갖게 하셨네." 정상인들이 정상적인 삶을 살아가면서 듣지 못하고 보지 못하는 것을 그녀는 듣고 보고 깨달았습니다.

하나님께서는 우리를 이 세상에 태어나게 하신 이유는 분명히 있습니다. 그 이유를 깨달은 사람들이 세상을 변화시킵니다. 우리가 이 세상에 사는 목적과 의미를 깨달아야 합니다. 지금 현재 보이는 나는 내가 아닙니다. 삶의 목적과 의미를 깨닫는 사람은 꿈을 가집니다. 그리고 그 꿈은 반드시 이루어집니다.

### "후 앰 아이?", "나는 누구인가?"

　내 자신을 다시 생각해야 합니다. '나는 하나님의 아들이다, 나는 하나님의 걸작품이다, 나는 반드시 성공한다'고 매일 고백해야 합니다. 그러면 당신의 미래는 놀랍게 변화될 것입니다.

　당신의 "나는 …이다"를 변경하세요. 당신은 아직 활용하지 않은 은사와 재능이 있습니다. 당신 안에 보물이 있습니다. 그러나 원수는 끊임없이 당신을 협박하고 열등하게 하며 자격이 없다고 느끼게 하려고 노력합니다.

　사람의 운명은 대부분 나를 잘 아는 사람들의 부정적인 말에서 이루어집니다. 부모로부터, 친구로부터, 형제들로부터 '빌어먹을 놈. 너는 형편없는 놈이다. 너는 아무짝에도 쓸모가 없다.'는 말을 듣고 자란 아이들은 성공할 수 없게 됩니다.

　운명을 이루려면 부정적인 목소리를 털어 내야 합니다. '나는 할 수 없다. 나는 자격이 없다. 나는 약하다. 나는 가난하다. 나는 형편없는 아이다'라는 부정적인 목소리는 털어 내야 합니다.

　당신은 스스로 자격이 없다고 느낄 수도 있지만, 당신이 태어나기 전에 하나님께서 당신을 준비시켜 주셨습니다. 그분은 당신에게 하나님의 아들의 권한을 부여했습니다. 당신은 아무것도 부족하지 않습니다. 하나님은 이미 당신을 승인하셨습니다.

잠언 18:21절에 "죽고 사는 것이 혀의 권세에 달렸다"고 말합니다. 목회를 하시는 목사님들께 부탁드립니다. 성경은 하나님께서 우리들을 얼마나 사랑하시고, 사랑하는 하나님의 자녀들을 위해서 모든 것을 준비하셨다고 말씀하고 있습니다. 모든 하나님의 자녀들은 이미 건강하게 하셨습니다. 부유하게 하셨습니다. 놀라운 능력을 주셨습니다. 예수 그리스도 안에서 모든 것을 할 수 있다고 하였습니다. 하나님의 사랑과 하나님의 능력과 하나님께서 우리에게 약속하신 모든 축복을 항상 설교하세요. 여러분은 세상에 있는 모든 사람들의 운명을 만들어 가는 사람들입니다.

특별히 아이들을 키우고 가르치는 부모님들, 교사들은 각별히 유념해야 합니다. 여러분들이 사랑하는 아이들의 장래가 여러분의 말에 달려 있다는 것을 알아야 합니다. 절대로 부정적인 말을 하지 마세요. 그들이 부정적인 말을 하지 말게 하십시오. 그들이 부정적인 생각을 하지 말게 하십시오. 그들에게 꿈을 심어 주십시오. 그리고 그들이 긍정적인 말을 하도록 가르치세요. 그들이 말하는 대로 그들의 인생은 달라집니다.

믿음은 바라는 것들의 실상이요 아직 보이지 않는 것들의 증거라고 하였습니다(히브리서 11:1). 현재 보이는 것들이 아니라, 그들이 바라는 대로 이루어진다고 가르치십시오. 그들에게 꿈을 심어 주십시오. 그들에게 믿음을 가르치십시오. 그들의 믿음대로 그들의 운명이 결정되며 그들의 믿음대로 이 세상이 변화하게 됩니다. 그것을 심어 주는 분들이 여러분들입니다.

―― 1부 ――

# 나는 하나님의 아들

우리는 하나님의 창조물입니다. 세상에 존재하는 모든 것을 하나님께서 창조하셨지만 특별히 사람은 하나님의 형상과 모양대로 창조하셨습니다. 그리고 하나님의 생기를 사람에게 넣어 주셔서 하나님의 능력으로 세상을 다스리고 정복하도록 하셨습니다. 하나님의 뜻을 깨닫고 예수를 영접하는 모든 자에게 하나님의 아들이 되는 특권을 주신 것입니다.

# 1

## 나는 전능하신 하나님의 아들이다

내가 태어날 때 나는 정말로 연약하게 태어났습니다. 일본이 한국을 점령하고 세계 대전을 하는 중이었기 때문에 시골에서 살던 우리 어머니는 정말로 먹을 것이 없었습니다. 아버지는 일본 북간도로 징용으로 끌려 가셨고, 어머니 혼자 세 자녀들을 먹여 살려야 했습니다. 어머니는 시골에서 할 수 있는 일은 무슨 일이든지 하면서 먹을 것을 구했지만 그러한 일도 쉽게 구하지 못했습니다.

어느 날 8킬로미터 떨어진 읍내에 있는 5일장에 갔었는데 두부 공장 옆에 버려진 두부 찌끼를 보았습니다. 물론 그것도 사람들이 먹을 수는 있었습니다. 어머니는 반가워서 버려진 두부 찌끼를 주워 모았는데 이미 쉬어서 냄새가 나는 것입니다. 그러나 어머니는 그것이라도 집에 가지고 가서 끓여서 먹으면 되겠지 하는 마음으로 가지고 오셨습니다. 그리고 그것을 끓여서 드셨습니다.

그런데 그것을 먹고 난 후 배탈이 나서 변소에 들락날락하셨습니다. 그런데 그때는 이미 나를 배어서 만삭이 된 몸이셨습니다. 어머니는 나를 시골 변소에서 낳고 말았습니다. 워낙 못 먹어서 뱃속의 아이도 작았기 때문에 쉽게 낳으셨겠지만 어머니는 신음을 하고 정신을 잃고 말았습니다.

　어머니의 신음 소리를 듣고 형이 변소에 쓰러져 있는 어머니를 발견하고 동네 아줌마들을 불렀습니다. 어머니는 정신을 잃고 쓰러져 있는데 어머니의 치마에 탯줄도 끊지 않은 아이가 있었습니다. 동네 아줌마들이 어머니와 그 아이를 구했습니다. 그 아이가 바로 저입니다.

　나는 정말로 하나님의 은혜로 살아났습니다. 당시 시골의 변소는 똥통 위에다 막대기 두 개를 걸쳐 놓은 것입니다. 똥통에 빠졌다면 저는 물론 죽었겠지만 어머니가 치마로 아이를 받쳤기 때문에 살아난 것입니다. 제대로 자라지도 못한 미숙아였던 나는 태어난 후에도 먹을 것이 없었습니다. 어머니는 젖이 말라서 나는 어머니의 젖을 한 모금도 못 먹었다고 합니다.

　내가 이 세상에 죽지 않고 태어난 것도 하나님의 기적입니다. 예수님은 말구유에서 태어나셨다고 하지만 저는 시골 변소 똥통 위에서 태어났습니다. 어머니의 젖을 한 모금도 못 먹었던 미숙아인 제가 살아 있다는 것도 기적이라고 합니다. 나는 병원에는 가 보지도 못하고 약도 먹어 보지 못했습니다. 내가 태어나던 시절에는 시골에는 병원도 없었습니다. 병원이 있었다고 할지라도 우리 집 형편으로는 병원에 갈 수도 없었습니다. 우유도 미음도 없었던 시절에 병약한 내가 먹을 것은 아무것도 없었습니다. 그런데도 하나님께서는 나를 살려 주셨던 것입니다.

우리 집은 시골에서도 가장 가난한 집안이었습니다. 우리 집은 한 칸짜리 아주 작은 시골 초가집이었습니다. 부엌, 방 한 칸, 툇마루가 전부입니다. 방벽은 황토 흙으로 되어 있어서 벽지를 발라야 했습니다. 그러나 그 당시 종이를 구하기가 쉽지 않았습니다. 특히 우리 집은 종이를 살 돈이 전혀 없었습니다. 방 벽에 붙일 종이가 없어서 황토 흙이 드러난 상태였습니다.

하루는 어머니가 20리가 떨어진 읍내에 다녀오셨는데 그곳에서 코 큰 사람이 "예수를 믿으시오" 하면서 책자를 나눠 주는 것을 보신 것입니다. 어머니는 저것으로 방 벽을 발라야겠다는 생각으로 그 책자를 받아 오신 것입니다. "우리 동네에 많은 사람들이 있으니 몇 권 더 주시오" 하면서 책 몇 권을 얻어 오신 것입니다. 그것으로 우리 방벽을 발랐습니다.

나는 아홉 살 될 때까지 잘 걷지도 못했습니다. 조그만 방에 누워서 지내는 것이 일상이었습니다. 당시에는 텔레비전도 라디오도 없었습니다. 물론 내가 읽어 볼 만한 책도 없었습니다. 내가 누워서 지낼 때 볼 수 있는 것은 형이 학교에 다니며 공부했던 책이 전부였습니다. 나는 형의 책을 보면서 한글을 스스로 배워서 읽었습니다. 그리고 어머니가 벽에 발라 둔 책을 페이지 순서대로 읽는 것이 유일한 취미 생활이었습니다. 전도지가 본래의 뜻을 이루지는 못했지만 우리 방 벽에 붙어 있어서 나에게 복된 소식을 알려 준 것입니다.

"태초에 말씀이 계시니라. 이 말씀이 하나님과 함께 계셨으니 이 말씀은 곧 하나님이시니라."로 시작된 요한복음이었습니다. 나는 그것이 무슨 뜻인지 모르지만 할 일이 없었으므로 순서대로 요한복음을 읽고 또 읽었습니다. 그리고 막연하게나마 예수님을 조금씩 알게 되었습니다.

초등학교 3학년이 되었습니다. 그때 교장 선생님이 바뀌었습니다. 새로 오신 교장 선생님의 아들들이 한 아이는 나와 동갑이고 한 아이는 나와 한 학년이었습니다. 둘 다 내 친구가 되어 같이 놀았습니다. 하루는 교장 선생님 댁에서 모여서 놀고 있었는데 교장 선생님이 함께 모여서 예배를 드리자고 하셨습니다. 내 평생에 처음 예배에 참석한 것입니다. 온 식구가 모여서 찬송가 노래를 부르고, 교장 선생님이 기도를 하신 후에 '하나님의 말씀'이라고 하시면서 성경을 찾아 읽으시는 것입니다. 그런데 그것이 내가 외우고 있는 요한복음이었습니다.

나는 깜짝 놀라 "교장 선생님, 나 그것을 외울 수 있어요. '나는 포도나무요 내 아버지는 농부라. 무릇 내게 붙어 있어 열매를 맺지 아니하는 가지는 아버지께서 그것을 제거해 버리시고 무릇 열매를 맺는 가지는 더 열매를 맺게 하려 하여 그것을 깨끗하게 하시느니라.

너희는 내가 일러 준 말로 이미 깨끗하여 졌으니 내 안에 거하라. 나도 너희 안에 거하리라. 가지가 포도나무에 붙어 있지 아니하면…"

교장 선생님은 깜짝 놀라 "너 교회에 다니니?" 하고 물으셨습니다.
"아니요, 나는 교회가 무엇인지도 몰라요." 그리고 요한복음을 외웠던 이야기를 하였습니다. 교장 선생님은 요한복음 1장 12절을 읽으시며 예수를 영접하면 하나님의 아들이 되어 하나님께서 내가 필요한 모든 것을 주신다고 하셨습니다.

"영접하는 자 곧 그 이름을 믿는 자들에게는 하나님의 자녀가 되는 권세를 주셨으니…"

나는 교장 선생님에게 물었습니다.
"정말로 내가 하나님의 아들이 될 수 있다는 말씀입니까?"
교장 선생님은 성경을 읽어 주시면서 설명했습니다.
"성경은 하나님의 말씀이란다. 하나님께서 그렇게 약속하셨다. 예수를 영접하면 하나님의 아들이 된단다. 그리고 하나님이 아버지가 되어서 네가 필요한 모든 것을 공급해 주신단다. 너는 아버지인 하나님께 필요한 것이 있으면 달라고 해라. 하나님께 달라고 하는 것이 기도란다."

세상에서 부자의 아들로만 태어나도 얼마나 좋겠습니까? 친척 중에 부자만 있어도 얼마나 좋겠습니까? 왜 우리 집안은 그렇게 가난

한가 하면서 지냈었습니다. 왜 우리 집안은 친척도 없는가, 잘 사는 친척만 있다고 할지라도 이렇게 굶고 살지는 않을 텐데 하면서 부자 친척을 그렇게 부러워했습니다.

우리 아버지의 이름은 소똥이, 우리 큰아버지의 이름은 말똥이, 우리 어머니의 이름은 질례였습니다. 우리 아버지 그리고 큰아버지는 호적에 소동이, 마동이라고 기록되어 있습니다. 아버지가 태어난 해가 조선 땅에 동학혁명이 날 무렵입니다. 아버지가 일곱 살 되던 해에 할아버지는 동학혁명 주동자가 되어 처형당했습니다. 큰고모님이 동생들을 데리고 땅끝까지 도망 나와서 살게 되었다고 합니다. 그래서 말똥이 소똥이라고 불리면서 신분을 숨기면서 힘들게 사셨다고 합니다.

어머니의 일생은 더 비참하십니다. 당시에 호열자라는 전염병이 창궐했다고 합니다. 호열자는 요즈음 말로는 콜레라입니다. 호열자가 한 마을에 번지면 고칠 방법이 없었습니다. 그래서 정부에서는 그 전염병이 더 이상 퍼지지 못하게 그 마을을 봉쇄해서 저절로 고쳐지든지, 모든 사람이 다 죽든지 할 때까지 기다렸습니다. 한참이 지난 후에 모든 사람들이 다 죽은 후에 시체를 치우기 위해서 사람들이 들어왔습니다. 그런데 한 여자아이가 죽지 않고 살아 있었다고 합니다. 그 여자 아이가 우리 어머니입니다. 이 집 저 집 돌아다니면서 잔일을 도와주며 겨우 사신 것입니다. 길에서 주웠다고 해서 질례라고 했답니다. 그래서 내가 그토록 막연하게나마 부러워했던 부자 친척은 한 명도 없었습니다. 나는 외가도 없었습니다. 어머니의 친척은 한 명도 없었기 때문입니다.

그런데 전지전능하신 하나님, 우주 전체를 창조하신 하나님이 내 아버지가 된다는 놀라운 소식을 들었던 것입니다. 나는 즉시 예수님을 영접하였습니다. 그리고 나는 전지전능하신 하나님의 아들이 된 것입니다. 하나님은 좋으신 아버지이십니다. 그분은 나를 사랑하셔서 독생자까지도 나를 위해 보내 주셨다고 합니다. 내가 필요한 것을 항상 주셨습니다. 이 세상의 아버지처럼 당장 내 손에 쥐어 주지 않으셔도, 내가 배고파 있을 때 당장 내 입에 음식을 넣어 주시지 않으셔도 내가 꼭 필요한 것을 반드시 주셨습니다. 내가 그분에게 기도하면 그분은 내가 구했던 것을 잊지 않으시고 나에게 주셨던 것입니다.

그때부터 지금까지 나는 하나님이 나의 아버지라는 사실을 한시도 잊지 않고 살았습니다. 나는 매일 아침에 일어나면 나의 아버지이신 하나님께 인사를 합니다.

"하나님 아버지, 감사합니다. 오늘도 나는 하나님의 아들입니다. 하나님 아들답게 당당히 살겠습니다. 감사합니다."

"후 앰 아이(who am I)?", "나는 누구인가?"
"나는 전능하신 하나님의 아들이다."

"하나님이 나를 낳으셨다."
"하나님은 나를 지극히 사랑하신다."

# 2

## 나는 항상 1등을 하는 사람이다

나는 교장 선생님의 자전거 뒤에 타고 함께 8킬로미터나 떨어진 읍내에 있는 교회에 다니기 시작했습니다. 내가 교회에 처음 참석했던 그 순간을 지금도 잊을 수가 없습니다. 우리는 조금 늦게 교회에 들어갔는데 교회에서는 이미 성가대가 찬송을 부르고 있었습니다.

내 평생에 피아노 소리도 처음 들어 봤지만 성가대원들의 찬송은 천국에서 천사들이 찬송하는 것 같았습니다. 성가대원들이 4부로 음을 맞추어 부르는 찬송 소리는 그렇게 아름답게 들릴 수가 없었습니다.

이어서 목사님이 기도하고 설교를 하셨는데 정말로 하나님의 음성을 듣는 것 같았습니다. 목사님은 하나님께서 우주 만물을 만드셨다고 하셨습니다. 밤하늘의 별도, 해와 달도, 산도 들판도, 그리고 그곳에서 자라는 모든 식물들도, 모든 짐승들도 하나님의 자녀인 우리를 위해서 만드셨다고 하셨습니다. 우리는 하나님이 하나님의 모양과 형상대로 만드셨다고 하셨습니다.

나는 그 설교를 들으면서 너무나 감격하였습니다. 그래서 그 말씀을 집에 돌아와 친구들과 이웃 어른들을 불러 모아 오늘 교회에 갔었다고 하며 목사님의 설교 말씀을 그들에게 그대로 전했습니다. 매주 교회에 갔다 오면 친구들에게 오늘 들은 설교 말씀을 그대로 전하기 시작했습니다. 아주 어렸을 때부터 설교를 시작한 것입니다.

교장 선생님은 나에게 성경책을 선물로 주셨습니다. 두꺼운 신구약 성경책이었습니다. 나는 초등학교를 다니는 동안 그것을 30번은 읽은 것 같습니다. 그중에도 나에게 정말로 귀하게 주신 말씀은 신명기 28장 13절 말씀이었습니다. "여호와께서 너를 머리가 되고 꼬리가 되지 않게 하시며 위에만 있고 아래에 있지 않게 하시리니…" 하시는 약속의 말씀이었습니다. 항상 1등만 하게 해 주시겠다는 약속의 말씀이었습니다. 항상 부요하게 해 주시겠다는 말씀입니다.

하나님께서 나를 하나님의 아들로 삼아 주신 것도 모자로 세상에서 머리가 되고 꼬리가 되지 않게 해 주신다는 약속이었습니다. 나같이 병약한 사람이 대장이 된다는 말입니다. 이보다 더 놀라운 축복이 어디 있겠습니까?

하나님의 약속을 믿고 내가 열심히 하면 항상 1등을 할 수 있다는 자신감이 생겼습니다. 내가 하는 모든 일은 하나님께서 나에게 맡겨 주신 일이라고 생각하며 최선을 다했습니다. 초등학교에 다닐 때는 특별히 공부하는 데 열심을 내지는 않았습니다. 대부분 이미 아는 것을 학교에서 가르치고 있었기 때문에 담임 선생님이 간혹 나에게 선생님 대신에 가르치라고 하시기도 하였습니다.

당시에 우리 집에서는 돈을 벌 수 있는 수단은 볏짚으로 가마니를 짜서 파는 것이 유일한 부업이었습니다. 어머니와 형수님이 가마니를 짜고 있으면 누군가는 새끼를 꼬아야 했습니다. 나는 새끼 꼬는 일을 담당하였습니다. 나는 열심히 새끼를 꼬았습니다. 얼마나 빨리 새끼를 꼬았는지 그것을 본 사람들이 경진대회에 나가 보라고 하였습니다. 우리 면 대표로 군에서 새끼 꼬기 경진 대회를 하였습니다. 한 시간 안에 얼마나 길게 새끼를 꼬는가 경쟁하는 시합이었습니다. 나는 평상시대로 최선을 다해서 새끼를 꼬아서 1등에 당첨하였고 돼지 새끼 한 마리를 상품으로 받기도 했습니다.

내 평생에 '나는 하나님의 아들이다'라는 생각을 안 해 본 적이 없습니다. 그러므로 나는 누구보다 모든 일을 더 잘 해야 합니다. 그냥 적당히 일을 하는 경우는 한 번도 없었습니다. 무슨 일을 하든지 최선을 다하는 것입니다.

초등학교에서 1등, 중학교에서도 1등, 고등학교에서도 1등, 후에 대학을 다닐 때 대학교에서도 1등, 박사학위를 받을 때도 1등을 한 것은 우연히 일어난 일이 아닙니다. 직장 생활에서도 항상 1등을 하였습니다. 은행에 근무할 때도 항상 1등을 하여서 재무부장관상까지도 받았고, 군대 생활에서도 최선을 다해서 열심히 했기 때문에 참모총장상까지도 받았습니다. 미국에 이민 가서 우체국에서도 열심히 일했기 때문에 1년에 한 명에게 주는 Employee of Year 상을 3번이나 받았습니다.

하나님께서 나에게 주신 축복은 머리가 되고 꼬리가 되지 않게 하시겠다고 하신 것입니다. 나는 아무것도 안 하면서 1등이 될 수는 없습니다. 내가 할 수 있는 것은 최선을 다하는 것입니다. 누구보다도 더 열심히 하여야 합니다. 운동선수들이 올림픽에서 금메달을 받는 장면은 정말 감격입니다. 하나님께서 그들에게 능력을 주셨고 그들은 최선을 다했기 때문에 가능한 일입니다.

초등학교는 내가 늦게 들어갔기 때문에 나보다 두 살 어린 학생들이 내 동기였습니다. 몸은 비로 약하고 힘은 없었지만 당연히 나는 그들보다는 항상 공부를 잘 했습니다. 초등학교를 졸업할 때 우리 집 형편으로는 중학교에 보낼 수가 없었습니다. 그 당시에는 초등학교는 의무교육이었지만 중학교는 학비를 내고 다녀야 했습니다. 그래서 초등학교를 졸업하고 중학교에 들어가는 학생들이 고작 10%도 안 되었습니다.

그래서 나도 중학교를 갈 생각도 못했습니다. 그런데 교장 선생님이 읍내에 있는 중학교 입학원서를 가지고 오셔서 한번 시험이라도 쳐 보라고 하셨습니다. 나는 8킬로미터나 떨어진 중학교에 걸어가서 시험을 보았습니다. 그런데 입학 성적이 너무나 우수해서 학비

면제 장학생이 되었습니다. 교장 선생님이 아니었다면 중학교를 가 보지도 못했을 것입니다.

중학교는 집에서 8킬로미터가 떨어진 곳이어서 아침저녁마다 걸어 다녔습니다. 그리고 집에 오면 농사일을 도와야 했습니다. 내가 공부할 공부방은 물론 없었습니다. 집에서는 한 번도 책을 열어 볼 시간도 없었습니다. 내가 공부할 수 있는 유일한 시간은 집에서 학교까지 걸어 다니는 시간인 한 시간 반이었습니다.

아침에 학교에 가는 시간에는 오늘 공부할 내용을 예습합니다. 그리고 잘 이해되지 않는 부분은 체크해 두었다가 선생님이 가르치는 시간에 완전히 내 것으로 만들었습니다. 집으로 돌아오는 시간에는 오늘 배운 내용을 복습합니다. 그때는 책을 열어 볼 필요도 없습니다. 첫 공부 시간부터 끝나는 시간까지 다시 생각하며 완전히 내 것으로 만들었습니다. 다음 날 학교에 갈 때는 어제 배웠던 내용을 다시 한 번 생각하고 오늘 배울 내용을 예습하며 매일 학교에 다녔습니다. 이렇게 공부하다보니 학교에서 배운 모든 교과서를 완전히 암기하였습니다. 참고서 한 권도 없었는데도, 집에서 공부할 시간이 없었는데도 하나님께서는 내가 중학교에서 1등을 계속하게 하셨고 3년 동안 장학생으로 다니게 하셨습니다.

문제는 고등학교를 다니는 것이었습니다. 제일 가까운 고등학교가 우리 집에서 50킬로미터 떨어진 광주광역시에 있었기 때문에 나는 집을 나와야만 했습니다. 나 혼자 벌어서 학비도 내야 하고, 방값도 내야 하고, 먹을 것도 벌어야 했습니다.

그래서 광주에서 혼자 살면서 신문팔이, 구두닦이 등 안 해 본 것이 없었습니다. 그래도 먹기보다는 굶기가 더 많았습니다. 그때 내가 정말 간절하게 기도한 내용이 "하나님 아버지, 제발 내 평생 굶지 않고 실컷 먹게 하여 주옵소서" 하는 내용이었습니다.

마침 내가 신문을 돌리는 집이 광주상업고등학교 교장 선생님 댁이라는 것을 알게 되었습니다. 나는 그 집 앞에서 며칠을 기다리다가 선생님을 만나게 되었습니다. "선생님, 저를 광주상업고등학교에 다니게 해 주십시오. 저는 공부를 잘 합니다. 중학교를 1등으로 나왔습니다. 고등학교를 넣어 주신다면 1년 안에 1등을 할 자신이 있습니다." 내가 간절하게 애원했더니 선생님이 "학교에 한번 나와 보라"고 하셨습니다.

1학년 1학기가 끝나 갈 무렵이었습니다. 고등학교에 입학원서를 넣고 기다렸더니 야간 수업을 받을 수 있도록 해 주셨습니다. 나는 1학년 교과서를 전부 사서 공부하기 시작했습니다. 한 달도 되지 않아 1학기말 시험을 보게 되었습니다. 그런데도 다행히 장학생으로 합격하였습니다. 그래서 학비 면제를 받고 2학년, 3학년을 다닐 수 있게 되었습니다.

고등학교 2학년이 되었습니다. 낮에는 신문팔이를 하면서 밤에는 공부를 하였습니다. 야간학교 수업이 끝나고 집에 오면 자정이 다 됩니다. 그때부터 새벽까지 나는 정말 열심히 공부하였습니다. 내가 할 수 있는 것은 책을 통째로 외우는 것입니다. 중학교 다닐 때 연습했던 익숙한 방법입니다. 1학년이 끝나 갈 무렵에는 나는 교장 선생님과 약속한 대로 주야간 통틀어서 1등이 되었습니다. 우리 하나님 아버지는 나에게 약속하신 것을 항상 지켜 주신 것입니다.

고등학교 2학년이 되면서부터 취직에 관심을 갖기 시작했습니다. 나에게 제일 먼저 기회가 주어진 것은 5급 공무원(현재 9급) 시험이었습니다. 우연히 신문을 보게 되었습니다. 5급 재정직 공무원 시험 광고였습니다. 내용을 살펴보았더니 나도 그 시험을 볼 수 있는 자격이 되었습니다. 나는 상업고등학교를 다니기 때문에 주산을 잘합니다. 그리고 상업부기, 공업부기를 다 공부했습니다.

나는 그 시험에 응시하여 시험을 보았습니다. 1천5백 명이 시험을 보았는데 합격자 발표가 신문에 나왔습니다. 재정직에 합격한 사람은 5명이었습니다. 그런데 내 이름이 맨 처음 발표되었습니다. 아마 1등으로 합격한 모양입니다. 한 달 후에 나는 서광주세무서에 발령을 받고 국가공무원이 되었습니다.

어머니에게는 취직이 되었다고만 말씀드렸습니다. 그런데 내가 세무서에 다니는 것을 어떻게 아시게 되었고, 어머니는 세무서에는 절대로 다니지 말라고 하신 것입니다. 아버지께서 몸이 좋지 않아

산에서 약초를 캐다가 집에서 약술을 만드셨는데 세무서 직원이 조사 나와 밀주라고 하여 벌금을 물게 하였습니다. 그것 때문에 어머니께서 몇 년을 고생하셨답니다. 그래서 세무서 직원을 가장 싫어하신다는 것을 나는 알고 있었습니다. 나는 세무서에 5개월을 다니고 사표를 내고 말았습니다. 그러나 5개월의 월급으로 3학년을 다닐 때는 주간반으로 옮겼고 아르바이트를 하지 않아도 학교를 다닐 수 있게 되었습니다.

졸업할 무렵 은행 입행 시험이 발표되었습니다. 은행에서 공개채용을 하는 것은 처음이라고 하였습니다. 나는 은행 입행 시험을 응시하고 당당히 합격하였습니다. 대학 졸업자 15명, 고등학교 졸업자 10명이 합격하였는데 나는 역시 1등으로 합격하였습니다.

시험을 보고 난 후에 나는 하나님 아버지께 너무나 감사하였습니다. 모든 문제들마다 내가 가장 잘 아는 것들만 골라 물어보는 것이었습니다. 8과목을 시험 보았는데 나는 800점 만점을 받은 것입니다. 5급 공무원 시험을 볼 때도 그랬는데 은행시험에서도 똑같이 내가 가장 잘 아는 것들만 골라 물어보는 것이었습니다. 이것은 기적이었습니다. 내가 매일 새벽마다 하나님 아버지께 기도하였는데 그 기도 응답으로 1등을 하게 하신 것입니다.

"하나님 아버지, 나를 자녀 삼아 주셔서 감사합니다. 나를 1등으로 만들어 주셔서 감사합니다. 나는 최선을 다해 직장 생활을 하겠습니다. 감사합니다."

나는 은행에 근무할 때도 1등을 하였습니다. 본점 영업부를 거쳐 인사부 연수과, 저축추진부에서 근무하였습니다. 내가 은행에 들어갈 때 경제개발5개년 계획이 발표되면서 은행이 확장되었습니다. 내가 은행에 들어갈 때는 전국에 지점이 12개였는데 3년 후에는 48개가 되었습니다. 내자동원이 절실했기 때문에 은행 지점들을 전국적으로 확대한 것입니다.

나는 저절로 승진되어 연수부에서 신입행원들을 가르치는 과장대리가 되어 있었습니다. 나와 함께 고등학교를 졸업한 동기생들이 대학을 졸업하고 은행에 입행했을 때, 나는 그들을 가르치는 교수가 되어 있었던 것입니다. 저축추진부로 옮겨 근무할 때 국민저축이라는 새로운 예금제도를 제안하여 모든 은행에서 실시하게 되었습니다. 나는 재무부(현 기획재정부)장관상을 받게 되었습니다.

내가 군대에서 근무할 때도 각종 경연 대회에서 1등을 하였습니다. 기관총 정밀사격 훈련에서도 1등을 하여 사단장 표장을 받았습니다. 나는 포병대에서 암호를 담당하는 암호병이었습니다. 일반 부대에는 2급 암호 담당자가 있습니다. 그것은 우리나라 말을 암호로 변경하여 무전으로 보내기도 하고 들어오는 암호를 우리말로 해석하는 일을 합니다. 사단과 포병대에는 1급 암호병이 있습니다. 우리나라 말을 영어로 변경하여 암호를 만듭니다. 그리고 숫자로 들어오는 암호를 영어로 변경하고 또 우리말로 변경하는 일을 합니다. 나는 그 일을 담당하였습니다. 우리 사단 대표로 경연 대회에 참석하여 군단에서, 군단 대표로 참석하여 1군사에서 1등을 하였습니다. 결국 육군본부에서 육군, 해군, 공군에서 나온 1급 암호병들이 함께 모여 경연 대회를 하였습니다. 나는 그곳에서 1등을 하여 참모총장 상을 받았습니다.

미국으로 이민 간 후에는 미연방정부 공무원인 우체국에서 10년간 근무하였습니다. 내가 근무하는 우체국에서 5개의 시를 담당하기 때문에 우체국 직원이 250명이 일을 합니다. 그중에서 매년에 한 명에게 그해의 우수 직원 상(Employee of Year Reward)을 줍니다. 그런데 내가 3년 연속 그 상을 받았습니다. 미국인 직원들이 얼마나 부러워하는지 모릅니다. 상을 받을 때마다 연봉이 조금씩 올라갑니다. 다른 직원들보다 월급을 더 받게 되는 것입니다.

나는 영어도 잘 못 합니다. 그러나 항상 최선을 다해서 일을 하였습니다. 나는 하나님이 나와 함께 계신다는 것을 한시도 잊지 않고 직장에서 일을 했습니다. 그러므로 하나님이 나의 감독자이시며 나의 인도자이신 것을 느낍니다. 남이 보든 보지 않든 나는 언제나 최선을 다해서 일을 합니다. 그리고 해외에 나가서 사시는 모든 분들이 나와 같은 생각을 하시겠지만 나는 항상 대한민국의 대표라고 생각하였습니다. 내가 게으름을 피우고 일을 잘못 한다면 나 개인이 아니라 대한민국 사람들은 게으르고 실수투성이라는 말을 들을까

봐 최선을 다하는 것입니다.

10년을 우체국에서 근무하고 목사가 되기 위해서 우체국을 사임하였을 때 연방정부 장관으로부터 편지가 왔습니다. "당신과 같이 우수한 직원이 우체국을 떠나는 것이 아쉽습니다. 당신이 원하면 언제든지 우체국에 복직을 보증합니다."라는 내용의 편지였습니다.

우리 모두는 이 땅에서 모든 사명을 다하고 천국에 갔을 때 주님께서 '착하고 충성된 종아, 수고하였다'고 하실 것입니다. 그리고 우리의 행한 대로 상을 주신다고 성경에서 말씀하고 있습니다. 우리가 이 땅에서 해야 할 일은 첫째는 자기의 신분이 누구인지를 알아야 합니다. 둘째는 나의 감독자는 하나님이시라는 사실을 잊지 말아야 합니다. 그리고 반드시 최선을 다해서 살아야 합니다. 하나님께서는 우리가 살았던 대로 우리에게 공평하게 상을 주실 것입니다.

"후 앰 아이(who am I)?", "나는 누구인가?"<br>
"나는 하나님의 아들이다."<br>
"나는 항상 1등을 하는 사람이다"<br>
"나는 최선을 다해서 살 것이다."

# 3

## 당신에게 가장 복된 소식을 전합니다

"하나님이 세상을 이처럼 사랑하사 독생자를 주셨으니 이는 그를 믿는 자마다 멸망하지 않고 영생을 얻게 하려 하심이라." (요한복음 3:16)

모든 사람은 행복한 삶을 살기를 원합니다. 그래서 우리는 모든 가능한 노력을 합니다. 하지만, 우리가 잘 살건 아니건, 우리는 조만간 모두 죽습니다. 그런데 이것은 끝이 아닙니다. 우리가 죽으면 심판을 받습니다. 그리고 보내집니다. 천국이나 지옥 둘 중 하나로. 만약 우리가 천국으로 가면 우리는 행복하게 영원히 삽니다. 슬픔 없이 그리고 고통 없이 아름다운 낙원에서.

그러나 만약 우리가 지옥으로 가면 우리는 큰 고통 속에서 삽니다. 영원히 무시무시한 불 못 속에서.

당신이 갈 곳이 어디라고 생각합니까? 천국입니까? 아니면 지옥입니까?

그저 몇 분만 시간을 내세요. 그리고 이 메시지를 진지하게 읽어 보세요. 당신은 당신의 인생을 바꾸게 될 놀라운 진리를 발견할 것입니다.

태초에 하나님이 세상을 만드셨습니다. 하나님은 세상에 있는 모든 것을 만드셨습니다. 그분은 낮을 만드셨습니다. 그리고 밤을. 그분은 하늘을 만드셨습니다. 땅을, 그리고 바다를. 그분은 땅 위에 식물들을 만드셨습니다. 그분은 해와 달을 만드셨습니다. 그리고 별들을 하늘에. 그리고 나서 그분은 물고기들을 바다에 만드셨습니다. 새들을 하늘에, 그리고 동물들을 땅 위에.

하나님은 인간을 만드셨습니다. 한 남자와 그리고 한 여자로. 왜 하나님은 그들을 만드셨을까요? 사랑하기 위해서, 그리고 사랑받기 위해서. 하나님은 그들을 매우 많이 사랑하셨습니다. 그래서 그분은 그들을 축복하셨습니다.

하나님은 말씀하셨습니다. 남자 아담에게, "너는 먹을 수 있다. 어느 나무로부터든지. 그러나 먹지 마라. 지식의 선과 악의 그 나무로부터는. 그렇지 않으면 너는 죽을 것이다."

어느 날 뱀으로 가장한 사탄이, 여자 이브를 유혹했습니다. "만약 네가 그 과일을 먹는다면, 너는 하나님처럼 될 것이다." 결국, 이브는 그 과일을 먹었습니다. 그리고 다른 하나를 아담에게 주었습니다

다. 그리고 그도 역시 그것을 먹었습니다.

하나님은 그들에게 벌을 내리셨습니다. 하나님은 말씀하셨습니다. 이브에게, "너는 큰 고통 속에 있게 될 것이다. 네가 아기를 낳을 때. 그리고 너의 남편이 너를 지배할 것이다."

하나님은 말씀하셨습니다. 아담에게, "너는 일을 해야 한다. 음식을 위해. 그리고 너는 흙으로부터 만들어졌다. 따라서 너는 흙으로 돌아갈 것이다."

하나님은 가죽으로 아담과 이브를 위해 옷을 만드셨습니다. 그리고 그들을 옷 입히셨습니다.

하나님은 그들을 쫓아내셨습니다. 에덴 밖으로. 왜 하나님은 그들이 과일 몇 개만 먹기만 했는데 그들을 그토록 가혹하게 벌하셨을까요?

그것은 그들이 하나님의 말씀을 듣지 않고, 사탄을 따랐기 때문입니다. 그들이 사탄을 따랐던 그 순간에 사탄은 그들 안으로 들어갔습니다. 사탄은 그들의 왕이 되었습니다. 그리고 그들은 사탄의 노예들이 되었습니다. 그들은 사탄처럼 생각하고, 행동하고 말하기를 시작했습니다. 그들은 사탄의 마음을 가졌습니다. 그것은 죄성이라고 불립니다.

죄에 의해 오염된 인간은 거룩하신 하나님과 함께 살 수 없었습니다. 하나님께서 그들을 내쫓으신 그것이 이유였습니다. 그분이 그들을 여전히 사랑하시면서도.

우리도 죄인들일까요?

네, 우리 모두는 죄인들입니다. 우리도 죄성을 가지고 있습니다, 왜냐하면 우리는 아담과 이브의 후손들이기 때문입니다. 우리는 태어날 때부터 죄성을 가지고 태어났습니다. 그리고 우리는 하나님께 대항하여 매일 죄를 짓습니다.

만약 우리가 계속 이와 같이 살아간다면, 그리고 죽는다면 죄와 함께, 우리는 심판을 받게 될 것입니다. 그리고 지옥 속으로 던져질 것입니다.

지옥은 묘사하기에 너무나 무서운 곳입니다. 이곳은 원래 사탄을 위한 장소였습니다. 그리고 하나님을 배반한 그의 천사들을 위한 장소입니다. 그러나 또한 사탄을 따르는 사람들도 지옥 속으로 던져집니다.

지옥은 불 못입니다. 지옥에서는, 살을 파먹는 벌레들도 절대로 죽지 않습니다. 그리고 불은 절대로 꺼지지 않습니다. 모든 사람들이 불에 절여질 것입니다. 당신은 한 모금의 물도 섭취할 수 없습니다. 당신의 타오르는 갈증에도 불구하고.

일단 당신이 지옥으로 보내지면, 후회하기에 너무 늦습니다. 당신은 큰 고통 속에서 비명을 지를 것입니다. 그리고 당신은 죽기를 원합니다, 그러나 당신은 그럴 수 없습니다. 당신은 거기에서 영원히 머물러야만 합니다.

그러면 천국은 어떤 곳일까요?
천국은 당신이 살 수 있는 곳입니다. 하나님과 예수님과 함께 행복하게 영원히. 그곳은 다양한 보석들로 장식되어 있습니다. 그곳에는 수정같이 맑은 생명수의 강이 흐릅니다. 강가의 생명나무들은 매달 열매를 맺습니다. 저주가 없고 그리고 슬픔이 없습니다. 또한 어둠이 없습니다. 왜냐하면 하나님이 당신에게 빛을 주시기 때문입니다. 당신은 하나님과 예수님을 볼 수 있고 그리고 경배할 수 있습니다. 그러나 아무나 천국으로 갈 수 없습니다. 오직 하나님의 생명책 속에 그들의 이름들이 있는 사람들만이 천국에 들어갈 수 있습니다.

사람들은 누구나 지옥을 두려워합니다. 지옥에 가는 것을 피하기 위해, 그리고 천국으로 가기 위해, 그들은 많은 일들을 합니다. 그들은 자선단체에 돈을 기부하는 것과 같은 선행들을 합니다. 그리고 불쌍한 사람들을 돕는 일들을. 또한 그들은 명상을 합니다. 그리고 고행을 합니다. 또는 그들은 종교적인 일들을 합니다. 하지만 이것들은 충분하지 않습니다. 그들이 천국으로 가기에는.

무엇이 하나님의 계획이었을까요?
하나님은 그의 하나이자 그리고 유일한 아들을 위대한 속죄 제물로서 보내셨습니다. 그분은 예수님이셨습니다. 그분은 성령님에 의해 잉태되셨습니다. 그리고 동정녀 마리아에게서 태어나셨습니다. 그분은 복음을 가르치셨습니다. 그리고 많은 기적들을 행하셨습니다. 예수님은 죄가 없으셨음에도 불구하고 십자가에서 그분의 사람들을 위해서 피를 흘리면서 처형당하셨습니다. 그분의 보혈을 통하여 우리는 용서받을 수 있었습니다. 그리고 천국으로 갈 수 있었습니다.

장사한 지 사흘째 되는 날에 그분은 죽음을 이기셨습니다. 그리고 죽은 자들 가운데서 일어나셨습니다. 그분은 부활한 자신을 제자들에게 보여 주셨습니다. 그리고 그분은 그들에게 하나님의 나라에 대해 말씀하셨습니다. 40일 후에 그분은 천국으로 올라가셨습니다. 그분은 하나님 우편에 지금 앉아 계십니다.

그분은 산 자들과 죽은 자들을 심판하기 위해 다시 오십니다. 정확한 때를 아무도 모릅니다. 그러나 그분은 곧 오실 것입니다.

그러면 나는 무엇을 해야 하나요?
성경은 말합니다. 요한복음 1장 12절에, "영접한 자 곧 그 이름을 믿는 자들에게는 하나님의 자녀가 되는 권세를 주셨습니다."라고 말합니다. 그래서 누구든지 예수님을 믿는 자, 그분을 받아들이는 자는 하나님의 자녀가 될 수 있습니다. 그리고 그들은 하나님을 '아버지'라고 부를 수 있습니다. 그리고 하나님은 그들을 돌보십니다.

그러면 예수님을 영접하기 위해서 무엇을 해야 하나요?

당신은 그분을 진심으로 믿어야 합니다. 당신은 당신 입으로 고백해야 합니다, '예수님은 나의 주님이시다'라고. 그러면 예수님은 당신 안으로 오십니다. 그리고 당신의 주인이 되십니다. 당신은 하나님의 자녀가 될 것입니다. 그리고 천국에서 영원히 살 것입니다.

지금 예수님은 당신의 문에서 서 계십니다. 그리고 두드리고 계십니다. 그분은 당신이 당신의 마음의 문을 열기를 기다리고 계십니다. 당신이 예수님을 믿기 원하시면 그분을 받아들여야 합니다. 이것이 예수님을 영접하는 기도입니다. 이것은 예수님을 당신의 구주로 받아들이는 매우 중요한 기도입니다. 당신의 진심을 다해서 큰 소리로 기도하십시오.

영접기도문
하나님 아버지, 저는 죄인입니다.
무엇을 위해 제가 사는지 알지 못한 채,
저는 수많은 죄들을 저질러 왔습니다.
이제 저는 십자가 위에서 저의 죄들을 대신하여
예수님이 돌아가셨다는 것을 깨달았습니다.
저는 저의 모든 죄들을 회개합니다.
그것들을 그분의 피로 씻어 주시옵소서.
예수님, 감사합니다. 저를 구원해 주셔서,
지금 저는 저의 마음을 엽니다.
그리고 저는 당신을 저의 구주로 영접합니다.

지금부터 계속 저는 따르겠습니다.
그리고 당신을 섬기겠습니다, 영원히.
저를 인도해 주세요. 그리고 저를 만들어 주세요,
당신의 충직한 종으로.
예수님의 이름으로 기도합니다, 아멘.

축하합니다! 이제 당신의 모든 죄들은 용서받았습니다. 당신은 하나님의 자녀가 되었습니다. 또한 당신의 이름이 하나님의 생명책에 기록되었습니다. 당신은 천국에서 영원히 살 것입니다.

그러나 천국으로 가는 길에 방해물이 있습니다. 그것은 아담과 이브를 속였던 사탄입니다. 사탄은 모든 수단을 다해서 끊임없이 우리를 유혹합니다, 그리고 혼자서는 당신은 사탄에게 쉬운 표적이 될 수 있습니다. 그러므로 모든 믿는 사람들은 함께 모여야 합니다. 그곳이 교회입니다.

우리는 성경을 읽어야 합니다. 그리고 하나님의 말씀에 순종해야 합니다. 우리는 기도해야 합니다. 그리고 서로 사랑해야 합니다. 우리는 사탄의 것과 다른 삶을 살아야 합니다.

어디로 우리는 가야 하나요?
당신은 교회로 즉시 가야 합니다. 교회는 하나님의 자녀들이 모이는 믿음의 공동체입니다. 그 공동체에서는 예수님은 머리가 되십니다. 그리고 모든 교회 구성원들은 그분의 몸이 됩니다. 교회에서는 하나님의 말씀이, 그리고 성도들의 교제가 있습니다. 성령님의 역사가 있습니다. 그리고 죄의 용서가. 기도들에 대한 응답이 있습니다. 그리고 기쁨의 찬양들이. 그리스도 안에서 우리가 한 몸으로서 천국으로 함께 행진할 때, 주님은 우리를 축복할 것입니다.

"후 앰 아이(Who am I)?", "나는 누구인가?"
"나는 예수님을 나의 구주로 영접하였다."
"나의 모든 죄는 용서함을 받았다."
"나는 오늘 죽어도 천국에 갈 확신이 있다."

## 4

## 하나님은 당신을 애타게 기다리십니다

"나는 참 포도나무요 내 아버지는 농부라."(요한복음 15:1)

　예수님은 하나님 아버지를 농부라고 비유하셨습니다. 농부는 농사를 짓습니다. 농부가 농사를 지으려면 논이나 밭이 있어야 합니다. 논이나 밭이 준비되었다면 그 논밭을 갈아야 합니다. 그리고 때를 맞추어 씨앗을 뿌립니다. 좋은 열매를 맺기 위하여 김을 매고 비료를 주어야 합니다. 그러나 간혹 가라지가 함께 자라기도 합니다. 그리고 농부는 가을에 추수를 합니다. 모든 곡식이 알곡은 아닙니다. 알곡 같은데 알곡이 아닌 것이 있습니다. 그것을 쭉정이라고 합니다. 농부는 가라지도 뽑아 버리고 쭉정이도 모아서 태워 버리고 알곡만 모아서 창고에 넣습니다.

　농부가 농사를 짓는 이유는 추수하기 위함입니다. 하나님께서 천지를 창조하시고 농사를 짓고 계십니다. 하나님께서 원하시는 알곡을 모으기 위한 것입니다. 하나님께서 원하시는 알곡은 진실한 하나님의 자녀가 되는 것입니다. 우리가 하나님의 자녀가 되면 하나님께서 원하시는 알곡이 된 것입니다.

농부가 포도나무를 키우는 목적은 좋은 포도 열매를 따기 위한 것입니다. 포도나무 자체는 열매를 맺지 못합니다. 포도나무 가지가 열매를 맺습니다. 포도나무 가지가 할 일은 아무것도 없습니다. 그냥 포도나무에 붙어 있기만 하면 됩니다. 좋은 포도나무에 딱 붙어 있기만 하면 열매는 저절로 맺히며 때가 되면 잘 익어서 농부는 그 열매를 땁니다.

이것이 창세기부터 시작하여 요한계시록까지 기록된 성경 말씀의 요약입니다. 태초에 하나님이 천지를 창조하신 목적은 농사를 지어서 하나님께서 원하시는 열매, 곧 하나님의 자녀들을 만들기 위함입니다. 그 과정이 자세하게 기록된 내용이 성경 전체 내용입니다.

하나님이 하나님의 모양과 형상대로 사람을 창조하셨습니다. 사람을 만드셨을 때 겉모양도 하나님과 똑같이 속사람도 하나님과 똑같이 만드셨습니다. 그 자체가 하나님의 아들이 되는 것입니다. 그래서 하나님의 자녀가 하나님과 함께 영원히 살기 위해서는 하나님의 말씀대로 살아야 합니다.

하나님께서 흙으로 사람을 창조하시고 그 안에 하나님의 영을 넣어 주셔서 사람은 영적인 존재가 되었습니다. 사람은 육과 혼과 영으로 되어 있습니다. 사람은 흙으로 만든 육신과 세상을 살아가는 능력인 정신, 곧 혼을 주시고, 하나님과 함께 살 수 있는 영을 주셨습니다. 그래서 사람은 영적인 존재라고 합니다. 하나님께서 인간에게 주신 영은 영원히 죽지 않고 사는 능력입니다. 모든 만물 중에 영적인 존재는 하나님, 천사, 그리고 인간입니다.

육신이 세상에 살아가기 위해서는 흙에서 나온 음식을 먹고 살아야 합니다. 육신이 세상을 다스리고 정복하기 위해서는 정신세계를 관장하는 지식을 먹고 살아야 합니다. 그리고 영이 영원히 살기 위해서는 하나님의 말씀을 먹고 살아야 합니다. 하나님의 말씀을 먹고 산다는 의미는 하나님의 명령에 순종한다는 것입니다.

그래서 하나님께서는 최초의 사람인 아담과 이브에게 명령을 주셨습니다.

> "동산에 있는 모든 것을 마음껏 먹어도 된다. 다만 한 가지, 중앙에 있는 선악을 알게 하는 나무의 열매는 먹지 말라. 그것을 먹는 날에는 정녕 죽으리라." (창세기 2:17)

그러나 하나님을 대적하여 쫓겨난 천사인 사탄이 뱀으로 위장하여 이브를 유혹했습니다.
"네가 그것을 먹는 날에는 너도 하나님같이 된다. 네가 하나님이 될까 봐 하나님이 못 먹게 하신 것이다. 그것을 먹어라. 너는 죽지도 않고 하나님처럼 된다."

그 말을 듣기 전까지는 한 번도 생각해 보지 않았습니다. 그런데 뱀의 말을 듣게 된 후에는 갈등이 시작되었습니다. 하나님 말씀이 옳은가, 뱀의 말이 옳은가? 이브는 결국 뱀의 말을 듣고 그 선악과를 먹고 말았습니다. 자기만 먹은 것이 아니라 그 남편인 아담에게도 주워 먹게 했습니다. 아담과 이브는 하나님의 말씀에 불순종하는 죄를 짓고 말았습니다.

그때부터 인간에게는 죽음이 찾아온 것입니다. 육신의 죽음이 아닙니다. 영의 죽음입니다. 영의 죽음은 하나님을 배반하였던 사탄을 가두기 위해서 만들어 놓은 지옥입니다. 모든 인류는 사탄의 말에 순종하게 되어 사탄과 함께 영원히 지옥에 들어가는 운명이 되었습니다.

하나님께서는 사탄이 이브를 유혹할 것을 모르셨을까요? 처음부터 이브가 못 먹게 하실 수는 없었을까요? 하나님께서는 사람을 만드실 때 하나님의 형상과 모양대로 만드셨다고 하셨습니다. 사람에게 자유의지를 주셨다는 말입니다. 자기의 의지대로 살 수 있도록 하신 것입니다. 그것이 인간에게 주신 자유의지입니다. 무조건 하나님 말씀대로만 살도록 하셨다면 그것은 아바타가 되는 것입니다. 우리는 세상을 살아갈 때 항상 갈등을 겪게 됩니다. 이렇게 할까, 저렇게 할까? 선택권을 우리에게 주신 것입니다. 우리의 자유의지에 따라서 나는 하나님의 말씀대로 살겠다고 해야 하나님의 명령에 순종하는 것입니다.

하나님께서는 아담과 이브가 하나님께 불순종하여 죄를 짓게 될 것을 이미 아셨습니다. 그래서 하나님은 우리 인간의 모든 죄를 용서하는 방법을 준비해 두신 것입니다. 그것이 하나님의 독생자 예수 그리스도이십니다. 세상의 모든 사람은 다 죄인이 되어 죽게 됩니다. 죽음이란 죄의 결과입니다. 죄가 없었다면, 다시 말하면 하나님의 말씀에 불순종하지 않았다면 결코 죽음이란 없었을 것입니다.

우리가 죽지 않고 지옥에 가지 않으려면 하나님께서 우리의 죄를 용서해 주시는 길밖에 없습니다. 하나님은 전능하시지만 공의로운 분이십니다. 모든 죄를 다 용서하신다면 공의로우신 하나님이 될 수가 없습니다. 피 흘림이 없이는 용서함이 없다는 진리 때문입니다. 누군가가 우리 죄를 대속해야 합니다. 그런데 이 세상에 우리의 죄를 대속할 사람은 한 사람도 없습니다. 모든 사람이 아담의 후손이 되어 불순종의 죄를 가지고 태어났기 때문입니다. 아담의 후손이 아닌 다른 사람이 이 세상에 와야 합니다. 그분이 예수 그리스도이십니다.

하나님께서는 동정녀인 마리아를 택하시고 성령으로 잉태케 하셨습니다. 아담의 후손이 아닌 하나님의 아들로 태어나신 것입니다. 그분은 죄 없이 태어나셨고 죄를 짓지 않고 사셨습니다. 그래서 그분은 죽을 수도 없었습니다. 겟세마네 동산에서 우리의 모든 인류의 죄를 그분이 마셨습니다. 죄 없는 그분이 모든 죄를 담당하신다는 것이 얼마나 힘 드는 일인지 땀방울이 핏방울이 되었다고 합니다.

"하나님, 할 수만 있다면 이 죄의 잔을 내게서 지나가게 하옵소서! 그러나 나의 원대로 마옵시고 아버지의 원대로 하옵소서!" 하고 기도하였습니다.

결국 죄 없는 예수 그리스도께서 십자가에서 죽으셨습니다. 그분이 죄가 없으시기 때문에 죽을 수도 없습니다. 그런데 모든 인류의 죄를 대속하기 위해서 죽으신 것입니다.

그것이 예수님이 세상에 오신 목적이기 때문입니다. 그분도 인간으로 이 세상에 오셨기 때문에 우리와 똑같이 희로애락을 느끼시는 분입니다. 그분이 십자가에서 우리 인간의 모든 죄를 담당하시고 죽으실 때 고통이 얼마나 극심하셨던지 "엘리 엘리 라마 사박다니! 나의 하나님, 나의 하나님, 어찌하여 나를 버리셨나이까?" 하고 외쳤겠습니까?

그분은 우리의 모든 인류의 죄의 잔을 마셨기 때문에 죽으셨습니다. 우리 모든 인간의 죄가 십자가에서 죽음으로 청산된 것입니다. 이것을 대속이라고 합니다. 우리의 모든 죄를 청산하였기 때문에 이제 우리는 모든 죄를 용서받은 것입니다. 부모로부터 물려받은 유전죄, 우리가 지었던 자범죄, 그리고 혹시나 앞으로 지을 모든 죄까지도 예수님이 십자가에서 다 청산하셨습니다. 우리는 더 이상 죄인이 아닙니다. 우리가 이 사실을 받아들이기만 하면 우리는 하나님의 진정한 자녀가 되는 것입니다.

당신은 예수가 믿어지십니까? 한 번만이라도 예수를 나의 구주로 받아들이신다면 당신은 구원을 받고 영원히 하나님의 자녀가 됩니다. 하나님께서는 당신에게 자유의지를 주셨습니다. 그래서 강제로 당신을 예수 믿게 하지 못하십니다. 당신이 당신의 마음의 문을 열고 그분을 당신의 구주로 받아들여야 합니다. 하나님께서는 당신이 구원받기를 간절히 원하시기 때문에 독생자이신 예수님을 보내 주시고 당신의 모든 죄를 이미 용서해 주셨습니다. 이제는 당신이 그 사실을 믿기만 하면 됩니다.

세상에는 예수를 믿지 않는 수많은 사람들이 있습니다. 그들이 예수를 믿지 않는 이유가 무엇인지 아십니까? 99%는 복음을 듣지 않았기 때문에 하나님의 간절한 뜻을 모르고, 예수님이 우리를 구원해 주셨다는 사실을 모르기 때문입니다. 그래서 수많은 선교사들이 땅끝까지 나가서 복음을 전하는 것입니다. 그리고 전도지를 나눠 주며 교회에 초청도 합니다.

지금 전 세계의 모든 사람들도 크리스마스가 무슨 날인지는 조금은 압니다. 예수가 누구인지는 조금은 압니다. 예수 믿는 사람들이 왜 그렇게 열심히 전도하는지 조금은 압니다. 그러나 잘못 알고 있기 때문에 그들은 예수를 믿지 않고 있는 것입니다.

당신이 이 책을 여기까지 읽어 보셨다면 하나님이 당신을 구원하기 위해서 얼마나 오랫동안 준비하시고 기다리고 있었다는 것을 아실 것입니다. 예수를 믿어야 구원받게 된다는 사실도 아셨을 것입니다. 그런데도 당신은 왜 예수를 믿지 않습니까?

그리고 사람들이 예수를 믿지 않는 이유는 '죽으면 그만이다'라는 잘못된 지식 때문입니다. 그런대 절대로 죽으면 그만이 아닙니다. 제가 이미 말씀드린 것처럼 사람은 영적인 존재이기 때문에 육신은 죽어도 그의 영혼은 살아 있습니다. 모든 짐승은 혼은 있지만 영이 없기 때문에 죽으면 그만입니다. 그러나 사람은 영적인 존재이기 때문에 죽으면 끝이 아닙니다. 예수를 믿으면 그의 영혼이 예수님을 따라 천국으로 가지만 예수를 믿지 않는 사람은 사탄을 따라 지옥으로 갑니다. 대부분 불신자들은 바로 지옥으로 가지 못하고 공중에 떠돌다가 때가 되어야 지옥으로 가기도 합니다. 불신자의 영혼이 공중에 떠다니는 기간에 귀신이 되기도 합니다. 아직도 예수가 믿어지지 않는다면 당신은 귀신이 되어 떠돌다가 지옥으로 갈 운명이라는 것을 알아야 합니다.

저는 목사가 되어 수많은 사람들이 임종하는 것을 보았습니다. 제가 경험한 사실을 일일이 다 적을 수는 없습니다. 몇 가지 대표적인 것만 적어 보겠습니다.

첫째는 저의 고모부가 돌아가실 때입니다. 그분은 예수의 복음을 들어 보지도 못했고 교회가 무엇인지도 모르고 세상을 사셨습니다. 제가 어렸을 때인데 죽어 가던 그분이 마지막 운명을 하기 직전입니다. 갑자기 눈을 부릅뜨고 큰 소리를 치는 것입니다. "나 안 간다. 나 안 간다. 놔라! 나 안 간다!" 하면서 몸부림치다가 이를 갈면서 운명하였습니다. 아마 그분의 영의 눈이 열리셨기 때문일 것입니다.

둘째는 저희 교회 선교사님의 아버지입니다. 암으로 투병하다가 죽어 가는 모습입니다. 그분은 천국과 지옥을 믿지 않은 분인데 자기의 딸이 선교사로 아프리카 오지로 떠난 것을 보고 교회를 더 싫어하셨습니다. 다른 가족 분들은 교회에 열심히 다니기 때문에 제가 임종 예배를 인도하고 있었습니다. 운명하기 직전에는 사람의 영이 열린다고 합니다. 그분도 영의 눈이 열린 것입니다. 고통 가운데 몸부림치다가 영이 열렸습니다. 자기 앞에 염라대왕의 사자들이 그를 끌고 가려고 하는데 저 멀리서 예수님이 오는 것이 보였습니다. 그는 당황하여 "예수님, 나 예수를 믿을래요. 나를 데려가 주세요!" 하더니 "휴우" 하고 한 숨을 쉬면서 얼굴이 평온해지고 운명을 하였습니다.

셋째는 저희 교회 여전도사님의 부친입니다. 우리는 그를 위해서 많은 기도를 하였습니다. 병이 위독하여 병원에 입원하였을 때 제가 심방도 갔었습니다. 그는 여호와증인인 자기 아들을 따라 왕국회관을 몇 번 따라갔다고 합니다. 그는 지옥이 없다고 끝까지 고집하며 예수를 믿지 않았습니다. 그런데 그의 영의 눈이 열렸습니다. 그리고 천국과 지옥이 있다는 것을 알았습니다. 천국에서 예수님을 보았다고 합니다. 우리가 병원에 방문했을 때, 그는 정신이 돌아와 있었습니다. 그리고 나를 보자 "목사님, 이제 나 예수 믿을래요. 기도해 주세요." 하는 것입니다. 그는 예수 영접 기도를 하였습니다. 그리고 3일을 더 살면서 자기 아들에게 전도도 하였습니다. "죽으면 그만이 아니다. 내가 천국을 분명히 보았다. 너희들도 예수를 믿어라!"라고 했답니다.

넷째는 저의 장인입니다. 저의 장인은 일제 시대에 와세대 대학 경제학부를 나오신 분입니다. 그분은 교회를 잘 다니셨습니다. 아내도 자녀들도 교회를 열심히 다닙니다. 그리고 자기의 동생도 교회의 장로님이십니다. 이 세상에 교회는 꼭 필요하다고 하시며 교회가 하는 많은 일에 동참도 하십니다. 그러나 그분은 예수를 믿지 않는다고 스스로 말씀하셨습니다. "나는 하나님은 믿는다. 온 세상을 하나님이 창조하시고 하나님이 이 세상을 다스린다고 확실히 믿는다. 그러나 나는 예수가 하나님의 아들이라는 것은 못 믿겠다"고 하셨습니다.

제가 한두 번 전도했겠습니까? 성경을 읽어 보시면 예수님이 하나님의 아들이라는 것을 믿게 될 것입니다 하면서 성경을 드렸습니다. 그런데도 예수를 영접하지 않으셨습니다. 그분이 운명하기 전에 당뇨가 심하셔서 병원에 입원하시고 다리를 절단하는 수술도 받으셨습니다.

하루는 제가 그분을 방문하였더니 나를 얼마나 반갑게 맞이하는지 모릅니다. 그리고 눈이 통통 부어 있었습니다. 많이 우신 것입니다. 저는 깜짝 놀라 물었습니다.

"아버님, 무슨 일이 있었습니까?"

"목사님, 나 어제 예수님을 만났습니다. 내가 죽었는데 예수님이 오시더니 '너 수고했다' 하시며 '너를 위해서 기도하는 사람들이 많이 있어서 네 자리를 준비하였다'고 말씀하셨습니다. 그리고 내가 꿈에 그리던 장미꽃이 활짝 핀 작은 집으로 인도하시며 '이곳이 네가 살 천국 집이다'고 하셨습니다." 장인은 그렇게 말씀하시며 엉엉 우시는 것입니다.

제가 예수님을 영접하도록 기도하여 드렸더니 너무 기뻐서 이제는 예수님을 떳떳이 만날 수 있겠다고 하였습니다. 그리고 3일 후에 운명하셨습니다.

그리고 특별히 가족의 구원을 놓고 기도하는 수많은 분들에게 제가 약속합니다. 여러분의 기도는 반드시 열매를 맺게 될 것입니다. 그분들이 아직 예수를 영접하지 않고 있지만 그분들도 깊이 생각해 보셨을 것입니다. 그러나 여러 가지 핑계를 대면서 교회는 나오지 않고 있지만 마음속으로는 예수를 믿어야 되겠다고 생각했을 것입니다. 단지 자기의 생활 패턴을 지금 당장 바꾸고 싶지 않거나, 자기가 잘못했다고 고백하지 않고 싶은 것뿐입니다.

당신들이 사랑하는 그 가족은 머지않아 반드시 예수를 믿고 교회에 나오실 것입니다. 죽기 전에 영이 열릴 때 그들은 반드시 예수님을 영접하며 구원을 받게 될 것입니다. 우리 장인 어르신처럼 '내가 예수를 믿는다면 예수님 옆의 강도같이 죽기 직전에 예수를 믿겠다'고 할지도 모릅니다. 너무나 어리석은 생각입니다.

그분들은 예수 믿는 목적이 천국에 가는 것이라고 생각하고 있습니다. 그러나 우리가 예수를 믿는 목적이 단지 천국 가기 위한 것이 아닌 것을 그들은 모릅니다. 예수를 믿고 자기의 신분이 누구인가를 알고 하나님과 동행하며 사는 것이 얼마나 행복한 삶인 줄을 모릅니다. 그들은 우리가 죽은 다음에 천국에 가는 것뿐만 아니라 우리가 행한 대로 상급을 받는다는 사실을 모릅니다. 예수를 믿고 하나님의 자녀가 되어 하나님 말씀대로 세상을 사는 것 자체가 하늘의 상급을 쌓는다는 것을 모르기 때문입니다.

당신은 아직도 예수가 믿어지지 않으십니까? 이 시간 마음을 열고 예수를 영접하십시오. 당신이 구원받는 것은 너무나 쉽습니다. 예수를 믿고 영접하기만 하면 됩니다. 다음 기도를 따라 하십시오. 한 번만이라도 당신이 진실하게 다음 기도를 하게 되면 당신은 분명히 구원을 받게 될 것입니다.

지금 이 시간 다음의 기도를 하세요.

하나님 아버지, 저는 죄인입니다.
이제 저는 깨달았습니다,
예수님이 십자가 위에서 저의 죄들을 대신하여 돌아가셨

다는 것을.

저의 모든 죄들을 회개합니다. 저의 모든 죄를 예수님의 피로 씻어 주옵소서.

예수님, 저를 구원해 주셔서 감사합니다.

지금 저는 저의 마음을 엽니다. 그리고 당신을 저의 구주로 영접합니다.

지금부터 계속 저는 예수님을 따르겠습니다. 그리고 당신을 섬기겠습니다, 영원히.

저를 인도해 주세요. 그리고 저를 만들어 주세요, 당신의 충직한 종으로.

예수님의 이름으로 기도합니다, 아멘.

"후 앰 아이(who am I)?", "나는 누구인가?"
"나는 구원받은 하나님의 아들이다."
"나의 모든 죄는 용서함을 받았다."
"나는 오늘 죽어도 천국에 갈 확신이 있다."

# 5

## 나의 신분을 잊지 않고 살았다

나는 항상 내가 누구인가를 생각하며 내 신분에 맞는 삶을 살아가려고 노력했습니다. 나는 하나님의 아들입니다. 하나님의 아들로서 당당하게 세상을 살아왔습니다. 나에게 주어진 시간은 내 것이 아니라 하나님께서 나에게 특별히 주신 귀한 기회입니다. 이 귀한 시간을 나는 헛되게 보내지 않고 나에게 맡겨 준 일을 최선을 다해서 수행해 왔습니다. 그리고 내가 가진 좋은 것을 다른 사람에게도 나눠 주고 싶었습니다.

내가 초등학교 때부터 내가 하나님의 아들이라는 것을 잊지 않고 살았습니다. 비록 몸은 약했지만 공부만은 잘 했습니다. 중학교 때는 8킬로미터를 아침저녁으로 걸어 다니면서도 3년 개근상과 최우수상을 받았습니다.

내가 초등학생 때의 일입니다. 내가 사는 동네 가까운 곳에 산속에서 문둥이들이 몇 사람 살았습니다. 나는 그곳을 지나가며 저들이 축복받아서 치유되기를 간절히 원했습니다. 대한민국이 지금처럼 국민들에게 복지 혜택을 줄 만큼 잘 살지 못했습니다. 그들은 어떻게 살아가는지 나는 모릅니다. 산비탈을 개간하여 농사를 짓는 것 같았습니다. 그리고 정말로 배가 고프면 동네에 나와서 구걸을 하였습니다. 간혹 우리 동네에도 그들이 왔습니다. 그런데 아이들은 문둥이들이 동네에 못 오게 돌멩이를 던지며 쫓아내려고 했습니다.

나는 그들도 예수를 믿으면 병을 고칠 텐데 하는 마음이 항상 있었습니다. 아이들이 돌멩이 던지는 것을 말리며 나는 그들을 우리 집으로 안내했습니다. 나를 보자 먹을 것이 있으면 조금 달라고 했습니다. 나는 부엌에 들어가서 점심으로 먹으라고 삶아 놓은 고구마를 그들에게 주었습니다. 그리고 쌀통을 보았더니 보리쌀이 조금 있었습니다. 나는 그것을 통통 털어서 그들에게 주었습니다. 그리고 그들에게 교장 선생님이 나에게 주었던 성경책을 주며 말했습니다. "예수를 믿으면 문둥이도 깨끗하게 고쳐진답니다. 당신들도 예수를 믿으세요."라고 하였습니다. 그들은 정말로 감사하다며 눈물을 흘렸습니다.

그날 저녁에 어머니가 돌아오셔서 저녁밥을 하려고 했습니다. 그런데 보리쌀이 다 없어진 것입니다. 나를 불러서 물어보셨습니다.
"쌀통에 쌀이 없어졌는데 어떻게 된 거냐?"
"문둥이들이 불쌍해서 퍼 주었습니다."
나는 야단맞을 각오를 하고 있었는데 어머니는 오히려 나를 칭찬하시는 것입니다.

"그래 잘했다. 그들이 오죽 배가 고프면 동네까지 왔겠니? 우리는 며칠 굶어도 죽지 않겠지만 저들은 정말 죽을 것 같아 왔을 것이다."

물론 내가 한 짓 때문에 우리는 몇 끼를 굶었습니다. 그러나 우리 가족 중 누구도 나를 나무라지 않았습니다.

고등학교 때는 혼자 벌어서 학비도 내야 하고 방값도 내야 하고 먹을 것도 해결하면서 살았지만 학생의 신분으로 최선을 다해서 공부했습니다. 그 결과 5급 공무원도 잠시 되었고 은행에 입행하여 본점에서 근무하면서 대한민국 경제 발전을 위해서 항상 열심히 일했습니다.

내가 하는 일은 아침에 출근하고 저녁에 퇴근하는 그런 일반적인 일이 아니었습니다. 경제에 관한 전문 서적을 공부하고 대한민국 경제 발전을 위해서 우리 은행이 할 일이 무엇인가를 항상 연구하며 공부했습니다. 대한민국은 경제 발전을 위해서 외국에서 차관도 필요했습니다. 그러나 우리나라처럼 가난한 나라에 돈을 빌려줄 나라는 거의 없었습니다. 그래서 은행이 할 일은 내자동원을 하는 일이었습니다. 전 국민이 가난하였지만 전 국민이 예금을 하여야 했습니다. 전 국민이 잘 살기 위해서도, 그리고 경제 발전을 위해서도 은행에 예금을 하도록 해야 했습니다. 나는 새로운 예금 제도를 제안하여 재무부장관 상도 받았습니다.

군대에 있을 때 나는 대한민국을 지키는 군인이라는 것을 항상 잊지 않았습니다. 대한민국 군인으로 할 수 있는 모든 훈련을 최선을 다해서 받았습니다. 52개월 동안 군대 생활을 하면서 아침마다 구보하며 부르던 '싸나이' 노래를 지금도 간혹 합니다. "싸나이로 태어나서 할 일도 많다만, 너와 나는 나라 지키는…"

나는 어차피 대한민국 젊은이라면 누구나 반드시 해야 할 군대 생활을 적당히 하고 싶지 않았습니다. 기왕에 군대 생활을 할 바엔 적극적으로 해서 1등을 해야겠다는 생각을 했습니다. 군대 각종 경연 대회에서 항상 상을 받았습니다. 암호 경연 대회에서는 전 군에서 1등을 하여 참모총장상을 받았습니다.

1등을 한다는 것은 쉬운 일이 아닙니다. 나름 최선을 다한 증거입니다. 운동선수들이 밤낮으로 피땀 흘려 연습하는 것을 자주 보았습니다. 특별히 올림픽에서 금메달을 받은 사람들을 나는 정말로 존경합니다. 전 세계적으로 1등을 한다는 것은 타고난 재능과 피나는 노력의 결과이기 때문입니다.

내가 미국에 이민하여 가진 첫 직장이 연방 정부 공무원인 우체국 직원이었습니다. 이민 간 외국인이 연방 정부 공무원에 합격하기는 쉽지는 않습니다. 그러나 미국이라는 나라는 누구에게나 기회가 허락되어 있습니다. 직장에서 구인 광고를 할 때는 '어떤 일을 할 수 있는 사람을 모집한다'고 합니다. 한국처럼 학력을 보지 않습니다. 남녀, 인종, 지역, 학력 등으로 차별을 하지 않습니다. 그래서 나도 그리고 나의 아내도 우체국에 합격하여 일을 하였습니다.

나같이 갓 이민 온 사람이 우체국에 취직하는 방법은 의외로 쉬웠습니다. 도서관에 가 보면 각종 시험 준비하는 책자도 있고 준비하는 과정도 설명되어 있습니다. 우체국뿐만 아니라 거의 모든 공무원 취직에 대해서 참고할 수 있는 책이 도서관에 다 있습니다. 미국에서 공무원이 되기를 원하는 사람은 도서관에 가서 책을 빌려 공부하면 됩니다. 응시하는 방법, 시험 준비하는 방법, 그리고 모의 시험문제도 다 있습니다.

도서관에서 우체국 시험에 대한 책을 보았더니 나에게 너무나 쉬운 문제였습니다. 주소를 보고 빨리 분류하는 능력 테스트였습니다. 오히려 2중 언어를 하는 우리에게 더 유리하다는 것을 깨달았습니다. 그래서 시험을 보았고 좋은 성적으로 바로 취직이 되었습니다.

그리고 월급도 아주 좋았습니다. 당시 최소 임금이 시간당 3불이었는데 우체국 직원은 시간당 12불이었습니다. 그리고 일도 아주 단순하고 쉽습니다. 나는 이렇게 좋은 직장을 한국 사람들이 더 많이 가지면 좋겠다는 생각이 들었습니다. 그래서 한국 사람들을 만나면 직장이 뭐냐고 물어보고 월급은 얼마씩 받느냐고 물어보았습니다. 물론 개인적인 문제이기 때문에 잘 알려 주지 않지만 내가 미국에 온 지 얼마 되지 않았는데 지금은 우체국에 다닌다고 하면 그들도 관심을 가지기 시작했습니다. 그들을 우리 집에 불러서 차를 마시면서 우체국에 들어가는 방법을 소개했습니다. 그리고 시험 보는 것이 얼마나 쉬운지도 내가 깨달은 방법을 소개하며 가르쳤습니다. 제 소개로 우체국에 들어간 사람들이 제 주위에 아주 많았습니다. 그들은 지금도 나에게 감사하고 있습니다.

하나님 아버지께서 나에게 주신 축복을 다른 사람들과 나누고 싶어 했던 것입니다. 내가 성공하였던 방법을 다른 사람들도 알려 주고 싶었습니다. 이렇게 하면 성공한다는 것을 알기 때문에 원하지도 않는 사람들을 설득시켜서 우체국 시험을 보게 한 것입니다.

내가 예수를 믿고 하나님의 아들로 거듭난 이후에 하나님이 나를 축복해 주고 계시는 것을 항상 느꼈습니다. 그래서 항상 하나님 아버지께 감사하며 내가 하나님 아버지를 위해서 할 일이 무엇인가를 생각하며 살았습니다. 할 수만 있다면 다른 사람들을 돕고 싶었습니다. 그리고 나 자신의 신분을 항상 생각하며 살았습니다.

"나는 어디서 와서 왜 살며 어디로 가야 하는가? 나란 존재는 무엇일까? 나는 어떻게 살아야 하는가?"

나는 이 세상에 우연히 태어난 존재가 아닙니다. 창세 전에 하나님께서 나를 택하시고 때가 되어 나를 태어나게 하신 겁니다. 내가 이 세상에 태어나서 예수를 믿게 하시고, 하나님의 자녀가 되게 하시고, 하나님의 거룩한 사역인 영혼 구원 사역에 동참케 하시고, 영원토록 하나님과 함께 살게 하신 것입니다. 이것은 내가 계획해서 된 것도 아니요, 내가 하고 싶어서 된 것도 아닙니다. 나를 태어나게 하시고, 나를 성장케 하시고, 나를 공부하게 하시고, 나를 직장에서 일하게 하시고, 나를 미국까지 보내 주신 분은 전적으로 하나님이십니다.

우리는 하나님의 걸작품입니다. 하나님께서 우주 만물을 창조하실 때도 하나님께서 완전한 계획 가운데 만드셨습니다. 하나님께서 우주 만물을 만드신 이유가 무엇입니까? 왜 우주를 만드시고, 왜 지구를 만드시고, 왜 하늘과 바다를 만드시고, 왜 산천과 초목을 만드시고, 왜 각종 동물을 만드셨을까요? 그것은 바로 내가 이 세상에 태어나서 살 수 있도록 환경을 만드신 것입니다.

창세기 1장 2절에 자세하게 설명되어 있습니다. 하나님께서는 천지를 창조하시기 전에 아주 깊이 생각하셨습니다. 1장 2절에 기록되어 있는 말씀입니다. 하나님께서는 무한한 공간에 모든 계획을 마치시고, 3절부터 그 무한한 공간에 우주만물을 창조하셨습니다.

첫째로 하나님은 빛을 만드셨습니다.

둘째로 하늘 궁창과 땅 궁창을 만드셨습니다.

셋째로 땅과 바다를 만드셨습니다.

그리고 이제 이곳을 채우기 시작하셨습니다.

넷째로 한없는 궁창에 광명체들을 만드시고 낮과 밤을 주관하게 하셨습니다.

다섯째로 하늘에는 새들을, 땅에는 각종 식물을, 바다에는 각종 물고기를 만드셨습니다.

여섯째는 땅에는 각종 짐승과 가축을 그 종류대로 만드셨습니다. 이제 준비가 끝나셨습니다. 드디어 하나님이 정말로 만들기를 원하시는 마지막 작품을 만드십니다.

"하나님이 이르시되 '우리의 형상을 따라 우리의 모양대로 우리가 사람을 만들고 그로 바다의 고기와 공중의 새와 육축과 온 땅과 땅에 기는 모든 것을 다스리게 하자' 하시고 하나님이 자기 형상 곧 하나님의 형상대로 사람을 창조하시되 남자와 여자를 창조하시니라." (창세기 1:26, 27)

즉, 우주 만물을 만드신 목적은 사람을 만드시기 위한 것이었습니다. 바로 당신과 내가 이 세상에서 살 수 있도록 모든 환경을 만드시고 당신과 나를 만드신 것입니다. 하나님은 당신과 나를 만드시고 심히 기뻐하셨다고 합니다. 그리고 모든 만물은 말씀 한마디로 만드셨습니다만 당신과 나는 말씀으로 만드시지 않고 특별히 하나님의 손으로 창조하셨다고 성경은 말합니다.

"여호와 하나님이 땅의 흙으로 사람을 지으시고 생기를 그 코에 불어넣으시니 사람이 생령이 되니라." (창세기 2:7)

모든 생명체는 하나님께서 말씀 한마디로 창조하셨지만 당신과 나는 하나님께서 직접 손으로 흙을 빚으셔서 만드셨습니다. 그리고 그 작품을 보시며 심히 기뻐하셨다고 합니다. 당신과 나는 하나님의 걸작품입니다. 이 세상에 그 누구도 나와 똑같은 사람이 없습니다. 나와 똑같은 지문을 가진 사람이 없습니다. 나와 똑같은 DNA를 가진 사람은 없습니다. 나는 하나님의 독특한 걸작품입니다. 하나님께서 우리를 향한 목적을 성경 맨 끝 절에 이렇게 말합니다.

"주 예수의 은혜가 모든 자들에게 있을지어다. 아멘"(요한계시록 22:21)

왜 하나님은 당신과 나를 그렇게 정성껏 만드셨을까요? 우리가 이 세상에서 하나님의 자녀로 해야 할 일이 있기 때문입니다. 적당히 세상을 살지 마십시오. 당신은 그렇게 하찮은 존재가 아닙니다. 먼저 예수를 믿고 하나님이 자녀가 되십시오. 하나님께서 당신을 향해서 간절히 원하시는 첫 번째는 당신이 하나님의 자녀가 되는 것입니다. 그리고 두 번째는 당신의 신분을 알고 그 신분에 맞는 삶을 사는 것입니다. 당신이 하나님의 자녀로서 하나님이 원하시는 것을 이루어 드리는 것입니다.

하나님이 이 세상을 향해서 가장 원하시는 것이 무엇입니까? 그것은 성경 마지막 책 마지막 장 마지막 절에서 말씀한 것입니다. 세상 모든 사람들이 주 예수를 믿어서 하나님의 자녀가 되는 것입니다. 우리의 사명은 하나님의 그 소원을 이루어드리는 것입니다.

하나님은 얼마든지 천사들을 동원해서 그 일을 이루실 수도 있습니다. 그러나 그 일을 천사에게 맡기지 않으시고 우리에게 맡기신 것은 우리가 아버지 집에 가서 영원히 살 때 누리는 상을 받게 하시려고 그렇게 하신 것입니다. 그리고 그 일을 그냥 우리에게 맡기신 것도 아닙니다. 성령님이 우리와 함께 하시면서 우리를 하나님의 능력으로 무장시켜 주셨습니다. 수많은 천사들을 우리를 도우라고 보내 주셨습니다. 우리가 하고자 하기만 하면 됩니다.

우리는 하나님께서 정성껏 만든 하나님의 걸작품입니다. 하나님께서 만드신 목적을 잊지 말아야 합니다. 하나님께서 원하시는 일을 하는 것이 우리의 사명인 것입니다.

"후 앰 아이(who am I)?", "나는 누구인가?"
"나는 하나님의 아들이다."
"나는 하나님의 독특한 걸작품이다."
"나는 하나님께서 맡겨 주신 사명을 다할 것이다."

## 6

## 주님의 부르심을 받다

성령으로 거듭난 후에 나는 매일 기뻐서 울면서 웃으면서 몇 달을 지냈는지 모릅니다. 나는 성령으로 거듭난 것입니다. 완전히 새로운 사람이 된 것입니다. 만나는 사람들마다 그들이 얼마나 사랑스럽게 보이는지 모릅니다. 공중에 나는 새들도 아름답게 보이고 바람에 흔들리는 나뭇잎도 하나님을 찬양하는 것 같이 보입니다. 하나님께서는 세상을 이처럼 아름답게 창조하신 것입니다.

그리고 성경 말씀이 깨달아지는 것입니다. 하나님이 세상을 이처럼 사랑하사 독생자를 보내 주시고 세상의 모든 사람들을 구원하기를 원하시는 하나님의 심령이 깨달아지는 것입니다. 신구약 성경을 일주일에 완독을 하면서 세상을 만드신 하나님의 뜻을 깨닫고 우리가 이 세상에 사는 목적이 무엇인지를 알게 되었습니다.

매일 2시간 이상 기도하며 하나님과 대화를 나누다 보니 하나님이 나를 사용하기를 원하신다는 것을 깨닫게 되었습니다. 나는 즉시에 목사가 되기 위해 신학교에 등록하였습니다. 그런데 문제가 발생

했습니다. 초등학교 3학년부터 사귀다가 결혼하여 수지 화영 승호의 세 아이의 엄마가 되어 있는 나의 아내입니다. 어렸을 때부터 나를 잘 알고 나의 성장 과정을 지켜보며 함께 살아왔던 아내가 내가 목사가 되는 것을 반대하는 것입니다.

지금 우리는 미국에 와서 연방 정부 공무원이 되어 생활도 안정되고, 단독 주택도 사서 안정된 지역에서 세 자녀와 행복하게 살고 있었습니다. 그런데 어딘지도 모르는 지역으로 선교사로 파송하게 되면 자녀들은 어떻게 할 것인가 하는 염려는 나도 하고 있었습니다. 아내는 예수를 믿고 장로가 되어 교회를 섬겨도 될 터인데 왜 굳이 목사가 되어야 하는가 하며 반대를 하는 것입니다. "나는 목사의 사모가 되기 위해 당신과 결혼하지 않았다"면서 굳이 목사가 되려면 이혼하자고 했습니다. 나는 아내를 설득할 방법이 없었습니다.

나는 매일 기도하며 '부름 받아 나선 이 몸, 어디든지 가오리다. 아골 골짝 빈들에도 복음 들고 가오리다.' 찬송을 매일 하면 눈물이 나는 것입니다. 3년 동안 신학교를 다니는 동안 매일 같은 찬송을 부르며 주님께 기도하였습니다. "주님, 주님이 나를 부르셨다면 나의 아내를 주님이 설득해 주십시오." 하는 기도를 매일 하였습니다.

신학교 졸업이 가까워졌습니다. 나는 아내와 다투지 않고 주님께서 아내를 설득해 주실 것을 믿고 기다리고 있었습니다. 하루는 교회에서 기도를 하고 늦게 집에 들어갔습니다. 그런데 아내의 표정이 이상한 것입니다. 왜 그러냐고 물었더니 아무 대답을 하지 않았습니다. 다음 날에도 기도 끝내고 늦게 집에 들어갔더니 오늘은 눈이 퉁퉁 부어 있었습니다. "여보! 왜 그래?" 하고 물었더니 예수님이 재림하시는 장면을 보았다고 합니다. 그것도 세 번이나 똑같이. 나팔 소리와 함께 천사들이 찬송을 부르는 가운데 예수님이 재림하시더라는 것입니다. 모든 사람들이 "할렐루야!" 외치면서 예수님을 맞이하러 나갔다고 합니다. 그래서 아내도 예수님을 맞이하려고 뛰어 나가려고 하는데 알몸이었다고 합니다. 나갈 수도 없고 앉아 있을 수도 없어서 울고 있었다고 합니다.

나는 설명했습니다. 주님이 다시 오실 때 우리는 아름다운 신부의 옷을 입고 나가야 된다고 했습니다. 아름다운 신부의 옷은 우리가 주님을 위해서 얼마나 헌신하고 봉사했느냐에 따라 준비된다고 했습니다.

"여보! 주님께서 당신을 사랑하셔서 지금부터 신랑 맞을 준비하라고 알려 주신 것입니다. 여보! 머지않아 주님은 반드시 다시 오십니다. 그때까지 주님이 가장 원하시는 땅끝까지 복음을 전하다가 주님 맞이해야 합니다."

그 후에 나의 아내는 내가 목사가 되어 선교지에 다니며 주의 일을 하는 것을 적극적으로 돕고 있습니다. 내가 아내를 설득한 것이 아니라 내가 기도한 대로 주님이 아내를 설득해 주신 것입니다.

주님이 아내를 설득하여 내가 목사가 되는 데 동의하게 하셨습니다. 그러나 나의 자녀들은 어떻게 합니까? 이제 큰딸 수지는 고등학교를 막 졸업하고 대학에 다니고 있었습니다. 둘째 딸 화영이는 고등학교 졸업반이었습니다. 아들인 승호는 나와 함께 선교지에 따라가기로 합의했습니다.

나는 주님께 간절히 기도하였습니다.
"주님, 나의 자녀들을 어떻게 합니까? 나와 아내가 선교지에 가게 되면 아이들은 누가 돌봅니까?"

주님은 성경 말씀으로 나에게 대답해 주셨습니다.

"예수께서 이르시되 '내가 진실로 너희에게 이르노니 나와 복음을 위하여 집이나 형제나 자매나 어머니나 아버지나 자식이나 전토를 버린 자는 현세에 있어 집과 형제와 자매와 어머니와 자식과 전토를 백 배나 받되 박해를 겸하여 받고 내세에 영생을 받지 못할 자가 없느니라." (마가복음 10:29-30)

"주님, 감사합니다. 우리 자녀들을 주님의 손에 맡깁니다. 내가 자녀들을 양육하는 것보다 주님께서 우리 자녀들을 양육해 주시고 이 땅에서도 백배를 축복해 주신다는 약속을 믿습니다. 나는 더 이상 자녀 문제 때문에 주님께 기도하지 않겠습니다. 주님께서 약속하신 말씀을 믿습니다."

나는 자녀들을 주님께 맡기고 오직 주의 사역에 전념하기 시작했습니다. 러시아 전역을 돌아다니며 선교했습니다. 중국 각 지역을 다니며 복음을 증거했습니다. 서울에 은파교회를 세우고 많은 사람들을 전도하였습니다.

나는 두 딸들에게 아무런 도움도 주지 못했습니다. 수지는 혼자 살면서 유치원 교사를 하며 대학을 다녔습니다. 화영이는 디자인 공부하고 직장을 잡아서 생활했습니다. 나는 하나님께서 그들을 도우시는 것을 느낄 수 있었습니다.

엄마 아빠가 살아 있는데도 그들이 고학을 하는 동안 아무런 도움을 주지 못했습니다. 엄마 아빠에게 얼마든지 불평을 할 수도 있었지만, 수지와 화영이는 한 번도 불평을 말하지 않았습니다. 오히려 엄마 아빠가 선교의 일을 하는 데 자기들이 도움을 주지 못해서 미안하다고 편지를 보내왔습니다. 나는 얼마나 고맙고 감사한지 울었습니다. 그리고 그들을 위해서 간절히 축복하며 기도하였습니다.

둘째인 화영이가 먼저 결혼하였습니다. 그리고 수지도 결혼하였습니다. 그들의 결혼식 때 사위들을 처음 만나서 축복 기도를 하면서 그들에게 너무나 미안했습니다. 부모로서 아무것도 해 주지 못한 것에 대해서 부담을 느꼈지만 나는 하나님 아버지께 간절히 기도했습니다.

"하나님 아버지, 내 딸을 축복하옵소서. 내 딸의 가정을 축복하옵소서. 딸들의 자녀들이 다 건강케 하시고 하나님의 축복 받는 자녀들인 것을 본인도 알고 남들도 알게 하옵소서."

하나님께서는 내 기도를 응답해 주시고 하나님의 약속대로 우리 딸들은 축복해 주셨습니다. 좋은 집도 주시고 물질적으로도 풍족하고 육신도 건강하며 직장에서도 꼭 필요한 사람이 되어 수입도 넉넉합니다. 그들은 시간 나는 대로 자녀들과 여행을 다니며 행복하게 살고 있습니다.

하나님께서 내게 약속하셨던 것처럼 내가 자녀들을 키운 것보다 100배의 축복을 받게 하신 것입니다. 주님께서 나를 부르셨다면 모든 것은 주님께서 책임져 주십니다.

"후 앰 아이(who am I)?", "나는 누구인가?"
"나는 하나님의 동역자이다."
"나의 자녀들은 주님께서 맡으셨다."
"나의 자녀들은 분명히 주님께서 책임져 주신다."

# 7

## 거처할 집과 쉴 곳을 주셨다

주님의 명령으로 내가 한국에 나와서 사역을 시작할 때입니다. 거처할 집이 없었습니다. 나는 안양에서 살고 있는 처남 집에 갔습니다. 그들은 방 2개가 달린 조그마한 콘도에서 살고 있었습니다. 방 하나는 부부가 사용하고 딸과 아들이 다른 방을 사용하고 있었습니다. 사실은 내가 있을 곳은 없었습니다. 아이들은 엄마와 아빠와 한 방에 살면서 아이들이 사용하는 방을 내게 주었습니다. 나는 불편하지만 그 방을 사용하였습니다.

며칠을 지내면서 주님께 기도하였습니다. "나를 한국으로 보내셨다면 내가 기거할 방은 주셔야지요. 내가 사역할 방을 주시옵소서."

그날은 서울에서 볼 일이 있어서 종로 거리를 걷고 있었습니다. 그런데 갑자기 검정 세단차가 내 옆에 섰습니다. 그리고 차에서 큰 소리로 나를 부르는 것입니다.

"오 목사님!"

나는 깜짝 놀라 돌아보았습니다. 그랬더니 그 차에서 한 신사가 내리면서 반갑게 저에게 인사를 하는 것입니다.

"목사님, 목사님이 한국으로 오셨다는 소식을 듣고 얼마나 찾았는지 모릅니다. 목사님 저와 함께 갑시다."

나는 그 차를 탔습니다. 그랬더니 종로3가의 어느 호텔로 들어가는 것입니다. 그리고 호텔 맨 위층에 있는 VIP 룸으로 나를 안내합니다.

"목사님, 서울에서 사역을 하실 때까지 이곳에서 지내십시오. 이 호텔은 제가 소유한 것입니다. 여기 카드를 드릴 테니 이 호텔에서 무엇이든지 필요하시면 이 카드를 사용하십시오."

그 신사 분은 내가 미국에서 기도해 주었던 분입니다. 내가 기도원에서 금식 기도하는 가운데 몇 사람들이 기도원에 기도하러 들어왔습니다. 그들은 마약쟁이들이라고 했습니다. 마약에 손을 대고 폐인이 되어 세상에서 희망이 없었습니다. 나는 그들에게 복음을 전하고 그들이 살 길은 예수를 믿고 하나님의 자녀가 되는 길밖에 없다고 설명했습니다. 그들에게 예수를 영접하게 하고 그들을 위해서 기도해 주었습니다.

그들에게서 귀신들이 드러났습니다. 그들은 각자 다른 곳에서 온 사람들입니다. 서로 서로 알지 못한 사람들입니다. 그런데 귀신들이 나가면서 발광하는 모습은 아주 똑같았습니다. 귀신들이 나가고 그들에게 성령이 임했습니다. 그들은 기뻐서 어쩔 줄을 몰라했습니다. 내가 기도를 끝내고 집으로 오려고 하는데 그들 4명이 나를 따라 오는 것입니다. 다행히 우리 집에 방이 여유가 있어서 그들과 함께 보름을 지냈습니다.

그들 중의 한 명이 오늘 나를 만난 신사 분입니다. 그분은 과거에 정부 고관이었습니다. 망명 아닌 망명 생활을 하는 가운데 좌절하며 마약을 하게 되었다고 합니다. 그분은 내가 자기의 생명의 은인이라고 하며 은혜를 갚겠다고 하며 한국에 들어갔던 것입니다. 그분 때문에 한국에서 사역을 시작할 수가 있었습니다.

그 후 십년이 흘러서 나는 미국에 돌아왔습니다. 나는 시카고에서 사역하려고 개척교회를 시작했습니다. 그러나 큰 문제가 생겼습니다. 나는 미국 시민권자로 미국에 돌아와서 무슨 일이든지 할 수 있었지만 나의 아내는 그렇지 않았습니다. 15년 전에 나와 함께 시민권 시험을 쳤었는데 나는 합격하고 아내는 떨어졌습니다. 그래서 영주권자로 미국에 살다가 내가 한국에 나와서 사역을 시작하게 되었을 때 영주권을 반납하고 한국 주민등록을 살렸습니다. 그래서 내가 한국에서 사역할 때 마음껏 활동하도록 해 주신 것입니다. 그래서 그 당시에는 시민권 시험에 떨어지게 한 것도 하나님의 인도함이었다고 생각하며 감사했습니다.

그런데 미국에 다시 들어오려고 하는데 비자가 안 나오는 것입니다. 미국이 싫어서 영주권을 반납한 사람이 왜 미국에 들어가느냐고 하며 비자가 거부된 것입니다. 그래서 나 혼자 먼저 미국에 들어와서 나의 아내를 미국에 오도록 초청장을 보냈습니다. 미국 시민권자는 자기의 배우자를 초청할 수 있기 때문입니다. 초청장을 보내서 다시 미국에 입국은 하였지만 직업을 가질 수는 없었습니다. 임시 입국이기 때문입니다.

그런데 하나님께서는 항상 기도에 응답해 주시고 필요한 것을 채워 주십니다. 나는 믿음으로 아내를 시카고에 있는 우체국에 복직 신청을 하도록 했습니다. 그러나 10년 전에 퇴직한 사람이 복직을 신청한다고 해서 복직을 허락할 리는 없다는 것을 우리는 알고 있었습니다. 더구나 임시 입국입니다. 영주권자도 아니고 시민권자도 아닙니다. 그러나 내가 우체국을 퇴직할 때 우정성 장관으로부터 받은 복직 보증서를 복사하고 나의 아내도 퇴직할 때 받은 감사장을 함께 첨부하여 보냈습니다. 일주일도 안 되어서 우체국에서 복직이 허락되었습니다. 그래서 아파트를 얻고 시카고에서 생활하며 교회를 개척하게 되었습니다. 하나님 아버지께서 기적을 보여 주신 것입니다.

또한 내가 시카고에서 사역하다가 엘에이로 돌아 온 직후입니다. 마땅히 거처할 숙소가 없었습니다. 나는 가든그로브에 살고 있던 우리 교인의 집을 방문하였습니다. 그 집은 단독 하우스로 뒤뜰이 제법 넓었습니다. 그래서 나는 그 집 주인인 집사님에게 사정을 말씀 했습니다. 마땅히 기거할 곳이 없어서 이 집 뒤뜰에 내가 잠시 살겠다고 했더니 그렇게 하라고 했습니다. 나는 홈디포에 들려서 450불을 주고 조그만 창고를 샀습니다. 그 창고를 그 집 뒤뜰에 놓고 3개월을 살았습니다.

하루는 새벽 기도 가운데 주님은 내 모습을 보여 주는 것입니다. 선교지에서 15년을 살다가 돌아왔는데 집도 없어서 450불짜리 창고에서 살고 있는 내 모습입니다.

나는 주님께 기도하였습니다.
"주님, 집을 주세요. 내가 가지고 있던 집도 팔아서 선교하는 일에 다 사용했는데 이렇게 집도 없어서 개집 같은 이곳에 살게 하십니까? 집을 주세요."
그러자 주님은 그날 중으로 기도에 응답해 주셨습니다. 은혜한인교회의 권사이시며 부동산 일을 하신 분이 전화가 왔습니다.
"목사님, 집이 필요하십니까? 좋은 집이 나와 있는데 한번 보실래요?"
나는 즉시에 가 보았습니다. 놀웝 시청 뒤에 있는 2층 콘도인데 아래층은 주차장과 거실, 부엌과 방이 있고, 2층에는 방 4개가 달린 집이 18만 불에 나왔습니다. 크레딧 카드에서 돈을 빼서 2만 불을 다운하고 즉시에 계약했습니다. 내가 매달 페이먼트 해야 할 금액은 830불입니다. 그런데 2층의 방을 세 놓으면 1,200불이 들어옵니다. 매달 370불의 수입이 생기면서 집 주인이 된 것입니다. 이것도 기적입니다.

나는 주님께 다시 기도했습니다.
"머지않아서 은퇴를 하게 되는데 페이엎 된 집을 갖게 하시고 매달 수입이 들어오는 집을 주시옵소서."

나는 시청 뒤 콘도에서 3년을 살고 그 집을 26만 불에 팔았습니다. 그리고 놀웤에 있는 방이 4개인 단독 하우스를 샀습니다. 나는 방 2개를 사용하고 2개는 세를 놓았습니다. 3년을 살고 보니 집값이 올라서 세컨드 모기지를 빌려서 하와이가든에 있는 콘도를 사서 세를 놓았습니다. 내 기도가 다 응답되는 것처럼 보였습니다.

그런데 미국에 모기지 파동이 닥쳤습니다. 이미 집이 3개가 되었는데 모기지 파동으로 집값이 막 떨어지는 것입니다. 나도 그 세 곳의 페이먼트를 내지 못하고 결국 파산되고 말았습니다. 갈 곳이 없게 된 것입니다. 월세로 아파트를 얻어서 이사를 하였습니다.

나는 기도하였습니다.
"주님, 나는 주님께 페이엎 된 집과 매달 수입이 들어오는 집을 달라고 하였습니다. 그런데 이렇게 월세로 아파트에서 살아야 합니까? 주님, 집을 주시옵소서."

어느 날 신문을 보았는데 애나하임에 은행에서 숏 세일하는 집이 나왔습니다. 방이 2개인 콘도가 15만 불에 나왔습니다. 나는 그 집을 계약하고 그 집에서 3년을 살았습니다. 우연히 실비치에 있는 친구 집을 방문하였더니 그곳은 은퇴자들이 모여서 사는 마을이었습니다. 내가 사는 집을 세를 놓고 나는 방 하나인 콘도를 계약했습니다. 그곳은 모든 시설이 잘 되어 있고 한국 사람들도 많이 있어서 내가 할 일이 많았습니다. 나는 그곳을 아주 좋아했습니다. 세를 놓았던 콘도에서 매달 수입도 들어오고 바닷가에 있는 우리 집은 기후나 환경이 너무 좋았습니다. 드디어 내 기도가 응답되었구나 하며 나는 주님께 감사했습니다.

그런데 또 하나님께서 이사하라고 명령하셨습니다. 딸들이 살고 있는 뉴저지로 이사를 하라는 것입니다. 그래서 애나하임의 콘도를 45만 불에 팔았습니다. 그리고 딸들이 살고 있는 뉴저지로 가서 콘도 2개를 샀습니다. 하나는 은퇴자 마을이고 하나는 호숫가에 있는 아름다운 타운이었습니다. 은퇴자 마을에서 우리가 살기로 하고 호숫가 집은 세를 놓았습니다. 매주 한 번씩 수지와 화영이가 자녀들을 데리고 우리 집을 방문합니다. 나의 아내는 그들에게 한국 음식을 만들어 주는 것이 즐거움이 되었습니다.

그런데 하나님께서는 또 나에게 한국에 나가라고 하셨습니다. 한국 국적을 회복하라고 하신 것입니다. 한국에 나가서 국적 회복 신청만 하고 미국으로 돌아가려고 계획했습니다. 그런데 신청하고 8개월을 한국에서 체류하여야 한다고 합니다. 할 수 없이 한국에서 10개월을 체류해야 될 것 같습니다. 그렇다면 나는 어디서 지내야 하는가 걱정했습니다.

나의 좋으신 하나님 아버지께서는 또한 우리가 있을 곳을 예비하고 계셨습니다. 바로 서울에 처제가 살고 있는데 처제가 다세대 빌딩을 가지고 있었습니다. 우리가 도착하는 날 한 사람이 이사를 가게 되어 우리가 살 방이 비어진 것입니다. 나는 그곳에서 살면서 매일 홍제천 둘레길을 한 시간씩 걸으면서 기도합니다.

또한 지금 내가 이 책을 쓰는 동안 전남 암태도에서 살고 있습니다. 나의 아내의 작은 아버지가 살던 집이었습니다. 평생 동안 도창교회를 섬기시다가 돌아가셨습니다. 그 교회는 창립한 지 거의 100년이 된 교회입니다. 많은 믿음의 사람들이 배출되었고 지금도 많은 기도를 하며 교인들을 섬기는 목사님이 교회를 잘 이끌고 계십니다. 나는 매 주일 그곳에서 예배를 드리며 주님을 섬기고 있습니다.

암태도는 목포에서 배 타고 두 시간 반이 걸렸던 섬이었습니다. 그런데 1004대교가 연결되어 지금은 차 타고 바로 들어올 수 있는 아름다운 섬입니다. 주위에 구경할 수 있는 아름다운 곳이 많이 있어서 지금은 관광지로 유명해지고 있습니다. 주님께서는 나에게 타고 다니라고 좋은 자동차도 주셨습니다. 내 조카가 의사인데 "작은 아버지, 차가 필요하시지요." 하면서 좋은 승용차를 주어서 아름다운 곳을 다니는 데 사용하고 있습니다. 모든 것이 좋으신 하나님의 인도함입니다. 할렐루야!

그리고 나는 그곳에서 좋은 기도처소를 발견했습니다. 집에서 40여 분 거리에 추포대교가 연결되는 곳입니다. 그곳은 유네스코에 등재되어 있는 갯벌이 끝없이 펼쳐져 있습니다. 짱뚱어와 게들이 수백

만 마리가 뛰어 놀고 있습니다. 조용한 그곳에서 매일 한 시간 이상씩 기도합니다. 하나님께서 나를 인도하셨던 것을 추억하며 앞으로 내가 해야 할 일이 무엇일까, 나에게 맡겨 주실 사역은 무엇일까, 기도하며 영감을 받으면서 책을 쓰고 있습니다.

지금까지 우리가 결혼해서 이사를 한 것을 세어 보았더니 35번이었습니다. 한 달에 10만 원의 월세에서 시작하였는데 세계에서 가장 잘 사는 미국으로 이사 가게 하시고 지금은 뉴저지의 가장 아름다운 숲속에 집을 갖게 하신 것은 하나님이십니다. 주님이 나를 부르셔서 사역자가 된 후에도 내가 필요할 때마다 거의 기적같이 내가 거처할 처소를 예비해 주신 것입니다. 좋으신 하나님을 감사하며 찬양하고 있습니다.

개인이 교회를 개척하여 목회를 하는 것은 정말 어려운 일입니다. 내가 처음 목회를 시작할 때 미국 교회당의 일부를 빌려서 교회를 개척하였습니다. 몇 명의 성도들이 나와 함께 교회를 시작하였습니다. 그러나 교회를 부흥시키며 목회를 하는 일은 전적으로 제 몫입니다. 개척교회이기 때문에 아직 장로님도 없습니다. 돕는 전도사님도 없습니다. 목사 혼자서 주일 예배를 인도해야 합니다. 수요일마다 저녁 예배를 인도해야 합니다. 금요일에는 철야기도회를 인도해야 합니다. 매일 새벽 기도를 인도해야 합니다. 모든 예배 때마다 찬양도 인도해야 합니다. 설교도 저 혼자 다 해야 합니다. 매일 전도를 해야 합니다. 개인적인 상담도 해야 합니다. 성도님들의 가정을 심방해야 합니다. 성경 공부를 인도해야 합니다. 그리고 무엇보다 성경을 읽고 공부하고 주님께 기도해야 합니다. 개척교회 목사에게는 잠잘 시간이 없습니다. 잠시라도 쉴 시간도 없습니다.

저는 평생에 내가 맡은 일을 적당히 한 경우가 없습니다. 더구나 주님께서 맡겨 주신 이 귀한 목회 사역을 적당히 할 수는 없었습니다. 모든 일을 최선을 다해서 했기 때문에 어느 날은 지쳐서 쓰러지고 말았습니다. 그래서 천국에서 주님을 만났습니다. 나는 너무나 기뻐서 외쳤습니다.

"주님!"

그런데 주님은 힐끗 쳐다보시더니 그냥 지나가시는 것입니다. 저는 다시 외쳤습니다.

"주님! 접니다!"

주님은 걸음을 멈추시고 나를 쳐다보셨습니다. 그리고 말씀하셨습니다.

"너 왜 벌써 왔니?"

나는 너무 깜짝 놀라서 말했습니다.

"주님, 주님께서 맡겨 주신 목회를 하다가 쓰러져서 왔는데 왜 반겨 맞아 주지 않으십니까?"

"너 옐로우스톤에 가 봤니?"

주님은 엉뚱한 질문을 하셨습니다.

"뭐 뭐요? 목사가 옐로우스톤 같은 데 가 볼 시간이 어디 있습니까?"

"옐로우스톤을 누가 만들었는지 아니?"

"그야 물론 주님께서 만들었겠지요."

"너희들이 세상에서 바삐 일하다가 잠시 쉬었다가 가라고 내가 곳곳에 너희들이 쉴 만한 장소를 만들었다. 너무 바삐 일하지 말고 쉬면서 일하거라."

나는 얼마 후 깨어나서 주님께서 말씀하신 것을 생각했습니다. 내가 건강은 생각지도 않고 일했구나 하는 생각이 들어서 주님께 감사 기도를 하였습니다.

"주님, 감사합니다. 쉬면서 일하겠습니다. 깨어진 바이올린으로는 주님께서도 연주하실 수 없다는 말을 들었습니다."

나는 나와 함께 사역할 여전도사님을 구했습니다. 그리고 새벽기도회도 간혹 맡겼습니다. 그리고 내 시간을 가지기 시작했습니다. 내가 처음 찾아간 곳은 물론 옐로우스톤이었습니다. 캘리포니아 오렌지 카운티에서 1,600킬로미터 떨어진 곳입니다. 자동차로 이틀을 달려서 그곳에서 텐트를 쳤습니다. 너무나 아름다운 국립공원입니다. 전 세계적으로 유일한 간헐천, 유황 온천, 끝없이 펼쳐진 얼하이 호수 등, 정말로 하나님께서 나를 위해 특별히 만들어 놓으셨습니다. 나는 호숫가에서 텐트를 치고 3일을 지냈습니다.

그리고 내 일생을 돌이켜 보았습니다. 나는 뒤도 돌아보지 않고 너무나 바쁘게 살아왔습니다. 주위 환경에 대해서 감사하지도 않았습니다. 모든 것이 나를 위해 준비해 두셨는데 나는 그 모든 것을 감사하지도 않았고, 또 즐기지도 못했습니다. 성경에서 배운 하나님보다 자연에서 배운 하나님이 내게 더욱 많은 깨달음을 주었습니다. 내 속에서 찬양이 솟아났습니다. 하나님과 깊은 대화를 나누었습니다. 내 몸과 마음은 완전히 회복되었습니다.

그 후 나는 잠깐 잠깐 틈을 이용해서 가까운 국립공원을 찾아 다녔습니다. 캘리포니아는 곳곳에 얼마나 아름다운 공원이 많이 있는지 모릅니다. 미국 본토에서 가장 높은 산인 휘트니산(해발 4,450미터)도 캘리포니아에 있습니다. 그리고 그 산 안에 요세미티, 킹스 캐니언, 세콰이어 공원 등이 있습니다. 미국에 61개의 국립공원이 있는데 캘리포니아에서만 13개의 국립공원이 있습니다. 세계에서 가장 큰 나무도, 가장 키 큰 나무도 캘리포니아에 있습니다. 또한 태평양을 끼고 달리는 드라이브 코스도 너무나 아름답습니다.

알고 보니 캘리포니아는 정말로 아름다운 주였습니다. 이렇게 아름다운 국립공원을 주님이 나에게 일깨워 주지 않으셨다면 놓칠 뻔했습니다. 나는 틈을 만들어 교인들과 공원을 찾았습니다. 갇혀 있는 건물 내에서 예배를 드리는 것보다 하나님께서 직접 만드신 아름다운 공원에서 예배를 드리면 얼마나 더 큰 은혜가 되는지 모릅니다.

바삐 목회를 하시는 모든 사역자들님께 건의합니다. 조용한 시간을 내서 자기 자신을 깊이 생각해 보시기 바랍니다. 우리는 기도할 내용이 너무 많습니다. 그 기도만 하더라도 몇 시간을 기도해야 합니다. 그러나 정작 자기 자신을 위해서 기도하는 시간은 거의 없습니다. 조용한 시간을 자주 가지시기 바랍니다. 하나님께서 우리를 위해 만들어 놓으신 아름다운 공원에 가서 조용히 하나님과 나의 관계를 깊이 생각하며 하나님과 대화를 나누시기 바랍니다.

목회를 은퇴하고 선교 일을 시작하면서 제일 먼저 한 것은 미국 일주여행이었습니다. 미국 서부로 해서 캐나다까지 국립공원을 찾아다니며 45일간을 여행했습니다. 미국 서부에서부터 동부까지 여행했습니다. 미국 최남단 플로디아 주 키웨스트에서부터 최북단 매인 주 아캐디어 국립공원까지 58일 동안을 여행했습니다. 얼마나 뜻 깊고 즐거운 여행인 줄 모릅니다.

내 아내와 함께 자동차로 운전하며 캠핑장에서 캠핑을 하며 여행한다는 것은 정말로 기쁘고 뜻 있는 일이었습니다. 전체 비용도 집에서 지내는 것보다 더 적게 들었습니다. 자동차 가스비, 국립공원 입장은 무료, 캠핑장은 하루에 2만 원 정도가 전부입니다. 이 아름다운 미국일주 여행을 유튜브에 올려 놓았으니 여러분도 보시기 바랍니다. [복받는채널, 미서부지역 횡단여행], [복받는채널 미국횡단여행]을 찾아보시면 내가 올린 유튜브가 있습니다.

하나님께서는 나를 사역자로 삼으시고 나에게 필요한 모든 것을 항상 예비해 두셨습니다. 내가 거처할 집을 항상 준비해 놓으셨습니다. 내가 잠시 시간을 내어서 쉬었다 가라고 쉼터도 예비해 주셨습니다. 모르고 지날 뻔했는데 주님께서 깨우쳐 주시고 기도하며 하나님과 교통하도록 하셨습니다. 좋으신 주님을 찬양합니다.

"후 앰 아이(who am I)?", "나는 누구인가?"

"나는 하나님의 아들이다."

"내가 하나님 나라를 구할 때 주님은 내가 필요한 모든 것을 주셨다."

"하나님은 내가 거처할 장소를 준비해 놓으시고 나의 쉴 곳을 예비해 두셨다."

## 2부

# 나는 하나님의 동역자

하나님이 간절히 원하시는 것은 모든 사람들을 구원하시는 것입니다. 하나님께서는 하나님과 함께 일할 동역자들을 찾고 계십니다. 하나님께서는 동역자들을 택하시고 그들에게 능력을 주셔서 세상 사람들을 하나님의 자녀로 만드시기를 원하십니다. 이사야서 6:8절에는 하나님의 심정이 이렇게 기록되어 있습니다.

"내가 누구를 보내며 누가 우리를 위하여 갈꼬?

## 1

## 성령 세례를 받다

　우리 교회에서 부흥회가 열렸습니다. 강사 목사님은 능력이 많으신 목사님이라고 소문이 나 있었습니다. 나는 시간 시간마다 참석하여 말씀을 통하여 은혜를 받고 있었습니다. 그날은 토요일 저녁 마지막 집회였습니다. 특별히 오늘은 안수를 해 주신다고 하였습니다. 시간이 길어지자 유년부에 다니는 내 딸이 아빠를 기다리다가 내 옆에 앉아 있었습니다. 강사 목사님이 쭈욱 돌아다니면서 안수를 해 주었습니다.

　그런데 내 옆에 앉아 있던 내 딸이 목사님의 손이 머리에 닿는 순간 갑자기 이상한 소리를 하는 것이었습니다. "따따따다 따따따다 따따따다!!!" 쉬지 않고 이상한 소리를 하는 것입니다. 그리고 눈물을 흘리고 있었습니다. 9살밖에 안 된 내 딸이 이상한 행동을 하는 것을 보고 나는 놀랐습니다. 내가 그동안 교회를 그렇게 다녔어도 이러한 것을 본 적이 없었습니다. 내 딸뿐만 아니라 몇 사람들이 내 딸과 똑같이 이상한 행동을 하는 것이었습니다.

나는 성경을 알고 있었기 때문에 이것이 사도들이 안수할 때 나타나는 "성령 세례이구나. 그리고 이것이 방언이라는 것이구나." 하고 추측하였습니다. 그렇다면 나도 성령 세례를 받아야 할 터인데, 나도 안수를 받았는데 나는 왜 그런 체험을 할 수 없었는가 이상하게 생각했습니다.

그때 내가 남전도회 회장을 맡고 있었습니다. 그래서 친구들인 전도회원들에게 물어보았습니다. "당신들은 성령을 받은 체험을 했었는가?" 그런데 성령 체험을 한 친구들이 하나도 없었습니다. 그래서 내가 요한복음을 말했습니다. "진실로 진실로 네게 이르노니 사람이 물과 성령으로 나지 아니하면 하나님의 나라에 들어갈 수 없느니라"고 요한복음 3장 5절에 말씀하셨습니다. "우리 성령을 받기 위해서 능력 있는 목사님을 모시고 산상기도회를 하도록 하자." 거의 모든 회원들이 찬성하였습니다.

그래서 가까운 기도원에서 목사님을 모시고 성령받기 위해 산상기도회를 갖기로 했습니다. 금요일 저녁에서 토요일 오후까지 스케줄을 잡고 산상 기도회를 하였습니다. 40여 명의 남전도회 여전도회 회원들이 간절히 기도하며 부흥회를 시작하였더니 첫 시간부터 역사하기 시작했습니다. 강사 목사님의 말씀을 듣고 "주여, 주여!" 외치며 기도하기 시작하자 많은 사람들이 방언을 하기 시작했습니다. 목사님이 안수하자 넘어지며 방언을 하는 사람들도 있었습니다. 그런데 막상 가장 원했던 나는 아무런 은혜가 임하지 않았습니다. 목사님에게 두 번이나 안수 기도를 받았지만 여전히 무감각입니다.

나는 안타까워 목사님에게 "목사님, 나는 왜 성령이 임하지 않나요? 다시 한 번 안수 기도해 주세요." 생떼를 쓰기 시작했습니다.
"집사님은 따로 떨어져 예수님께 간절히 기도해 보세요. 주님께서 응답해 주실 것입니다."

나는 산으로 올라가 기도하기 좋은 바위에 올라가 "주여, 주여!" 하고 큰 소리로 외쳤습니다. 그런데도 방언은 나오지 않았습니다. "주님, 나는 버린 자식입니까? 내가 교회를 위해서 얼마나 많은 봉사를 했는데 왜 나에게 성령을 주시지 않습니까?" 하며 억울해서 엉엉 울었습니다.
그때 예수님의 음성이 내게 들렸습니다.
"너는 나를 온전히 믿지 않고 있다."
"아닙니다. 나는 예수님을 어렸을 때부터 믿었습니다. 그리고 나는 하나님이 아들이 되어 하나님의 은혜로 지금까지 살아왔습니다. 나는 확실히 예수를 믿습니다."

그런데 그때 예수님이 환상 가운데 나의 모습을 보여 주시는 것입니다. 내가 고등학교에 다닐 때 기도하는 모습이었습니다. 그리고 성경의 일부분이 잘못되었다고 목사님들에게 묻는 장면이었습니다.

요한복음 20장 19절 20절, "제자들이 유대인들을 두려워하여 모인 곳의 문들을 닫았더니 예수께서 오사 가운데 서서 이르시되 '너에게 평강이 있을지어다' 이 말씀을 하시고 손과 옆구리를 보이시니 제자들이 주를 보고 기뻐하더라."

요한복음 20장 26절, "여드레를 지나서 제자들이 다시 집 안에 있을 때에 도마도 함께 있고 문들이 닫혔는데 예수께서 오사 가운데 서서 이르시되 '너희에게 평강이 있을지어다'하시고."

제자들은 유대인들을 두려워하여 문을 잠그고 있었는데 예수님께서 문을 열지도 않고 그들 가운데 나타나셨다는 말씀입니다. 나는 이 말씀이 이해가 되지 않았습니다. 예수님은 아직 승천하시기 전이었습니다. 그러므로 부활하신 몸이지만 아직은 육체를 가지고 계셨습니다. 육체는 물질이므로 시공간을 초월할 수 없다는 것이 나의 생각이었습니다.

그런데 예수님께서 어떻게 문을 열지도 않고 방 한가운데 갑자기 나타나셨다는 말입니까? 부활 승천하신 후에는 영으로 오시기 때문에 얼마든지 가능한 일이지만 육체를 가지고 계신 분이 문도 열지 않고 어떻게 그들 가운데 갑자기 나타나셨단 말입니까? 이것을 이해해 보려고 많은 목사님들을 찾아서 물어 보았습니다. 그런데 한 분도 나에게 시원하게 설명해 주시지 않았었습니다. 그래서 나는 이렇게 이해하고 말았습니다. "성경에는 내가 이해하지 못할 수많은 사건들이 있다. 그냥 그랬다고 믿고 지나가야 한다. 그랬었다고 쳐두고 믿자."고 하였던 것입니다.

예수님께서는 분명하게 물으시는 것입니다.

"지금도 내가 부활했다는 것을 못 믿겠느냐?"

"글쎄요. 예수님이 부활하셨다는 것은 믿지만 승천하시기 전의 예수님이 문도 열지 않고 갑자기 방 안에 나타나셨다는 것은 저는 지금도 이해가 되지 않습니다."

나는 생각에 잠겼습니다. 예수님을 직접 보고 믿었던 제자들, 의심 많은 도마까지도 예수님의 부활을 믿고 순교하기까지 예수님의 부활을 증거했습니다. "어떻게 수많은 제자들은 그것을 믿었을까? 그런데 나는 왜 그것을 못 믿을까? 오직 한 가지 내가 스스로 똑똑하다고 생각하기 때문에 못 믿고 있지 않은가? 현장을 목격하였던 제자들은 아무 의심 없이 예수님이 나타나신 것을 기뻐하였는데 나는 이해가 되지 않는다고 못 믿고 있지 않은가?"

풍랑을 잠잠케 하셨던 주님이셨습니다. 바다 위를 걸어 오셨던 주님이셨습니다. 죽은 자를 살리셨던 주님이셨습니다. 그런데 잠가 놓은 방 안에 들어왔다는 것을 왜 못 믿었을까? 그것은 오직 내가 스스로 똑똑하다고 생각하는 교만 때문이었습니다.

두려움이 갑자기 찾아왔습니다. 예수님을 지금 직접 만나고 있는 이 시간도 이해가 되지 않는다고 하는 내 자신이 얼마나 교만한지…

"주여, 제가 죄인입니다. 내 죄를 용서하여 주옵소서." 하고 정말로 두려워서 무릎을 꿇었습니다. 그 순간 하늘에서 밝은 빛이 나에게 쏜살같이 내려 왔습니다. 내 온몸으로 들어오자마자 내 몸은 불같이 뜨거워졌습니다. 그리고 정신을 잃어버렸습니다. 몇 시간이 흘렀는지 모릅니다.

내가 다시 깨어났을 때는 이 세상이 온통 변해 있었습니다. 산천초목이 그렇게 아름답게 보일 수가 없었습니다. 산들바람에 흔들리는 나뭇잎이 하나님을 찬양하고 있었습니다. 이름 모를 꽃들이 하나님을 찬양하고 있었습니다. 나무 사이에 날고 있는 새들이 하나님을 찬양하고 있었습니다. 온 세상이 하나님을 찬양하고 있었습니다. 온 세상이 변해 있었던 것입니다. 사실은 온 세상은 어제 그대로 있는데 그 세상을 보는 내가 완전히 변한 것입니다.

나도 모르게 "주 하나님, 지으신 모든 세계, 내 마음에 그리워 볼 때 ♪" 찬송이 흘러나오는 것이었습니다. 나는 감격하여 나도 모르게 눈물이 흘러나왔습니다. 며칠 동안을 찬송하며 감격의 눈물을 흘렸는지 모릅니다.

얼마나 많은 사람들이 그냥 막연하게 예수를 믿고 있는지 모릅니다. 성령 받기 전의 나처럼 열심히 교회에 다니며 봉사도 합니다. 그러한 사람들은 이 세상 모든 만물이 하나님을 찬양하고 있는 것을 보고 듣지 못합니다. 그러한 사람들은 주님께서 약속하신, "믿는 자들에게는 이런 표적이 따르리니 곧 그들이 내 이름으로 귀신을 쫓아내며 새 방언을 말하며 뱀을 집어 올리며 무슨 독을 마실지라도 해를 받지 아니하며 병든 사람에게 손을 얹은즉 나으리라"는 말씀을 이해하지도 못하고 체험하지도 못한 것입니다.

아직 성령 체험을 하지 못하는 분들은 조용히 시간을 내어 진지하게 예수님을 정말로 믿고 있는가 자신의 신앙을 돌아보며, 기도하기 바랍니다. 그리고 당신이 올바로 예수를 믿고 있다면 예수님께서 약속하신 방언, 병 고침, 귀신을 쫓아내는 권능이 이미 임해 있다는 것을 알게 될 것입니다.

그 후 교회에서 만나는 사람들마다 그렇게 반갑고 아름답게 보이며 한 사람 한 사람에게 사랑이 저절로 넘쳐 나기 시작했습니다. 그들의 현재 처한 문제를 알게 되고 자연스럽게 그들을 위해 기도해 주었습니다.

전에는 사람들을 볼 때 나와 비교하며 나는 그들보다 더 똑똑하다고 생각했었습니다. 내 속으로 그것도 모르는 바보라고 생각하며, 왜 그들은 그렇게 미련할까 하고 생각했었습니다. 그런데 이제는 사람들을 볼 때 내 생각이 달라졌습니다. 하나님께서 그들을 얼마나 사랑하시는지, 그리고 그들을 얼마나 가치 있게 사용하시는지 알게 되었습니다.

모든 사람들은 다 하나님께서 사랑하시며 그들이 하나님을 위해

일하는 것을 기쁘게 받고 계시는지 알 수가 있었습니다. 모든 사람들에게 하나님께서는 각자 다른 은사를 주시고 그 은사대로 하나님을 섬기게 하신 것을 알게 되었습니다. 내 교만한 마음은 완전히 사라졌습니다. 모든 사람들이 다 나보다 훨씬 뛰어나도록 가치 있는 삶을 살고 있었습니다.

내가 공부를 잘했던 것은 하나님의 은혜이지 내 노력의 결과가 아니었다는 것을 깨달았습니다. 내가 똑똑하다고 생각하는 부분은 일부분에 지나지 않았습니다. 다른 사람들은 내가 알지 못하는 것에 대해서 얼마나 깊이 깨닫고 있는지, 또는 내가 할 수 없는 분야를 얼마나 잘 하는지 감탄하기 시작했습니다.

학교에 다닐 때 1등을 한 것도, 입행 시험에서 1등을 한 것도, 군대 생활 때 각종 경연 대회에서 1등을 한 것도 전부 다 하나님의 은혜였습니다. 내가 예수를 믿게 된 것도 내가 노력해서 얻은 결과가 아니라 순전히 하나님의 은혜였습니다. "아버지, 감사합니다. 감사합니다."

"후 앰 아이(who am I)?", "나는 누구인가?"
"나는 하나님의 아들이다."
"나는 하나님의 동역자이다."
"나는 성령으로 거듭났다."

## 2

## 성령의 은사가 임하게 되었다

성령을 받고 난 후에 성령의 아홉 가지 은사가 임하게 됩니다. 그 첫 번째 임하는 은사가 방언입니다. 그리고 아홉 가지 성령의 은사가 다 방언 기도 가운데 임하게 된다면 방언의 기도가 얼마나 중요한지 모릅니다. "따따따다, 따따따다, 따따따다…" 또는 "랄랄랄라 랄랄랄라, 랄랄랄라…" 무슨 소리인지 본인도 모르고 남들도 모르는 소리입니다. 그러나 성경은 내 영이 하나님께 기도하는 것이라고 하였습니다.

> "방언을 말하는 자는 사람에게 하지 아니하고 하나님께 하나니 이는 알아듣는 자가 없고 그 영으로 비밀을 말함이니라." (고린도전서 14:2)

대부분의 사람들은 처음에 방언을 받을 때는 기뻐서 어쩔 줄을 몰라합니다. 그러나 무슨 뜻인지 모르기 때문에 방언 기도를 하다가 그만두는 사람들이 많이 있습니다. 그러나 방언의 은사가 아홉 가지의 성령의 은사의 기초가 된다는 사실을 알면 방언 기도를 많이 하게 되고 방언의 뜻을 깨닫게 됩니다. 방언의 뜻을 깨닫기 위해서 어떻게 해야 합니까?

"내가 만일 방언으로 기도하면 나의 영이 기도하거니와 나의 마음은 열매를 맺히지 못하리라. 그러면 어떻게 할꼬, 내가 영으로 기도하고 또 마음으로 기도하며 내가 영으로 찬미하고 또 마음으로 찬미하리라." (고린도전서 14:14, 15)

사도 바울은 우리에게 방언에 대해서 설명하고 있습니다. 방언 기도를 계속 하다 보면 내가 무슨 기도를 하고 있는지 마음으로 깨닫게 됩니다. 그러면 방언 기도를 멈추고 마음의 기도를 하는 것입니다. 이것이 자기 방언의 통역입니다. 방언의 뜻을 깨닫게 되면 하나님께 내가 지금 방언으로 기도하는 내용이 무슨 뜻인지 물어봐야 합니다. 하나님께서는 우리 방언 기도 가운데 그것이 무슨 뜻인지를 알려 주십니다. 방언 기도는 하나님과 대화하는 가장 기초적인 언어인 것입니다.

하나님은 우리와 대화하기를 가장 원하십니다. 하나님이 우리 인간들과 대화하는 방법에는 몇 가지 방법이 있습니다. 간혹 우리는 하나님의 음성을 듣기도 합니다. 그러나 그것은 극히 간혹 나타나는 현상입니다. 하나님께서 인간인 우리에게 말하는 가장 보편적인 방법은 우리의 느낌입니다. 이 느낌은 영혼의 언어입니다. 때로는 생각으로도 말씀하십니다. 내가 기도하는 가운데 어떤 생각이 갑자기 떠오르기도 합니다. 그것을 마음의 기도로 하게 되면 하나님께서 기뻐하시는 것을 알 수 있습니다. 그리고 자주 영상을 사용하시기도 합니다. 때로는 다른 사람을 통해서, 또는 어떤 사건을 통해서, 때로는 당나귀를 통해서도 말씀하십니다. 하나님께서는 우리가 알아듣지 못하기 때문에 얼마나 안타깝게 여기신지 모릅니다. 가장 강렬한 느낌, 가장 고귀한 생각, 가장 명확한 말을 통해서도 우리에게 말씀하실 때 우리가 그 뜻을 알아들으면 하나님께서 얼마나 기뻐하신지 모릅니다.

방언 기도는 내 영이 하나님께 대화하는 것입니다. 그것을 내 마음의 느낌이나 생각으로 깨닫게 되면 그것을 말로 기도합니다. 그러면 하나님께서는 바로 즉시 응답하십니다. 영으로 기도하고 마음으로 기도하고 하나님과 대화를 계속하는 것입니다.

성령으로 거듭난 후에 성경을 다시 읽어 보기 시작했습니다. 성경은 전부 다 하나님의 말씀이었습니다. 그리고 하나님의 뜻이 깨달아지는 것이었습니다. 성경을 읽다가 모르는 부분이 있으면 성령님께 방언 기도로 물어 보았습니다. 하나님께서는 얼마나 자세하게 알려 주시는지 너무나 기뻐서 성경에서 손을 뗄 수가 없었습니다.

예를 들어 창세기 1장을 읽다 보면 1장 2절이 무슨 뜻인지 잘 알 수가 없었습니다.

1:1 태초에 하나님이 천지를 창조하시니라

1:2 땅이 혼돈하고 공허하며 흑암이 깊음 위에 있고 하나님의 영은 수면 위에 운행하시니라.

1:3 하나님이 이르시되 빛이 있으라 하시니 빛이 있었고.

1절과 3절의 말씀은 무슨 뜻인지 깨달을 수 있습니다. 그러나 2절 말씀은 무슨 뜻인지 잘 알 수가 없었습니다. 물론 신학적으로는 많은 의견들이 있습니다. 그러나 나는 시원한 해답을 보지 못했습니다. 그래서 주님께 물었습니다.

"하나님, 1장 2절의 이 말씀은 무슨 뜻입니까?"
하나님은 나에게 말씀하셨습니다.
"내가 우주만물을 창조한 것을 믿느냐?"
"네, 믿습니다."
"내가 즉흥적으로 창조했다고 생각하느냐?"
"아니요. 하나님께서는 모든 만물을 아주 깊이 생각하시고 정밀하게 계획하시고 그것들을 아주 정확하게 만드셨다고 생각합니다."
"바로 그렇다. '땅이 혼돈하고 공허하며 흑암이 깊음 위에 있고 하나님의 영은 수면 위에 운행하시니라.' 하는 뜻은 내가 천지 창조하기 전에 이 세상은 혼돈이었고, 공허했으며, 흑암만이 있었는데, 내가 그것들을 마음에 품고 아주 깊이 생각했었다는 말이다."
"아, 그렇군요. 감사합니다."

그 후에 나는 신학교에 들어가서 성경을 체계적으로 배우게 되었습니다. 그리고 이미 우리의 선배들이 성경을 해석한 책이 수없이 많다는 사실도 알게 되었습니다. 또한 임의로 성경을 해석하다가 수많은 이단들이 나왔다는 것도 알게 되었습니다. 성경을 올바로 해석한다는 것이 얼마나 중요한지 알게 된 것입니다. 그래서 신학교에서는 조직 신학, 실천 신학, 주경 신학, 역사 신학 등을 배워서 잘못된 길에 빠지지 않게 할 뿐만 아니라 성경을 올바로 해석하는 길을 알려 주는 것입니다.

물론 나는 신학교에서도 열심히 공부하여 1등을 하였습니다. 그러나 나는 성경을 읽다가 모르는 부분이 있으면 주석 책을 먼저 보는 것이 아니라 하나님과 대화하는 것을 우선적으로 하고 있습니다. 그리고 내가 깨달은 말씀이 주석 책이나 다른 신학 교리에서 벗어나 있지는 않은가 점검하는 것이 습관이 되었습니다.

그 후 목회학 박사과정을 공부하고 신학교 교수가 되어 각 신학교에서, 선교지에서 가르치는 지금도 항상 먼저 성령님께 의지하고 성령의 지시를 받고 가르치고 있습니다.

조용기 목사님이 엘에이에서 목회자 세미나를 인도하셨습니다. 그분이 목회에 성공한 이유는 오직 하나, 언제나 성령님을 모시고 다니며, 성령님과 대화를 한다고 하셨습니다. 나는 아직 어떤 분야도 성공했다고 할 수는 없습니다. 그러나 나도 언제나 성령님을 의

지하고 성령님과 함께 대화하며 성령님의 지시를 받고 있습니다.


"후 앰 아이(who am I)?", "나는 누구인가?"
"나는 하나님의 아들이다."
"나는 하나님의 동역자이다."
"하나님은 나를 항상 가르치시고 인도하신다."

# 3

## 병 고치는 은사를 주셨다

　내가 모스코바 신학교에서 강의를 할 때 한 여학생과 대화한 내용을 소개합니다. 저녁 기도 시간에 한 학생이 찾아왔습니다.
　"목사님, 내가 귀신에 들려 있는데 나가지 않아요. 유명하신 목사님께 부탁하여 기도 받았어요. 그때는 나간 것 같았는데 그 후에 또 나에게서 귀신이 나타났어요. 목사님, 기도 좀 해 주세요."
　"어떤 증상이 나타납니까?"
　"갑자기 두려워지고 온몸이 사시나무처럼 떨리기도 하고 정신을 잃기도 합니다."
　"기도해 봅시다."
　나는 그 학생의 손을 잡고 방언 기도를 계속하였습니다. 방언 기도 가운데 나는 하나님과 대화를 나누는 것이었습니다.
　"하나님, 이 학생의 문제가 무엇입니까?"
　순간적으로 환상이 나타났습니다. 그 학생이 15세 정도 되었는데 남자 8명에게 윤간을 당하는 장면이었습니다. 나는 방언을 계속 기도하며 하나님께 물었습니다.
　"그 남자들은 누구입니까?"

"삼촌과 그의 친구들이다."

나는 기도를 멈추고 학생과 대화를 나누기 시작했습니다.

"너는 15살 때 삼촌과 그 친구들에게 윤간을 당하였구나. 한 번만 아니라 수십 차례를 당했다. 그것이 너를 두렵게 하는 것이다."

그 학생은 너무나 깜짝 놀라는 것입니다. 그 사건은 20여 년 전 삼촌에게 당한 사건이었고 지금은 잊어버린 사건이었습니다. 나는 그 학생에게 걱정 말라고 하면서 하나님께서 주시는 말씀을 전하기 시작했습니다.

나는 하나님께 방언으로 계속 기도하였습니다. 그랬더니 하나님께서 방언으로 계속 말씀해 주셨습니다.

"사랑하는 딸아, 나는 네가 나의 종이 되어 사람들에게 복음을 전할 것을 알고 있었다. 나는 네가 고통을 받고 있을 때 얼마든지 못하게 할 수도 있었다. 그러나 내가 그것을 허락한 것은 첫째는 네가 나를 믿고 있지 않기 때문에 나에게 기도하지 않았다. 둘째는 네가 나의 종이 될 것을 나는 알고 있었기 때문이다. 너도 알다시피 러시아 땅에 얼마나 많은 여성들이 윤간을 당하고 겁탈을 당하고 원하지 않은 임신을 하고 있다는 것을 네가 알고 있지 않니? 너는 그들에게 복음을 전해야 한다. 네가 그 고통을 겪어 보았기 때문에 그들을 위로하고 그들을 주님께 인도할 수가 있게 되었다. 사랑하는 딸아, 더 이상 너는 고통은 겪지 않을 것이다. 그들을 사랑하고 그들을 예수님께 인도하거라."

내가 안수하였더니 그 학생은 입신 상태로 빠지게 되었습니다. 한두 시간 후에 그는 기쁨으로 얼굴이 환하게 바뀌면서 주님을 찬송하는 것이었습니다.

여기서 나타나는 성령의 은사에는 '방언'과 '방언 통역', 그리고 '지식의 말씀', '지혜의 말씀' 은사가 나타난 것입니다. '지식의 말씀'이란 하나님께서 알고 계시는 지식을 우리에게 알려 주시는 것을 말합니다. 그리고 '지혜의 말씀'이란 어떠한 상황이나 문제점을 하나님께서 주신 하나님의 지혜로 그 문제점을 해결하는 것을 말합니다. 이와 같이 방언 기도 가운데 이 은사들이 함께 나타난 것입니다.

나의 장모님을 위해서 기도하였던 내용을 소개합니다. 내가 미국에서 목회하다가 한국에 나왔을 때였습니다. 장모님이 췌장암에 걸려서 곧 죽게 되었다고 하였습니다. 복수가 가득 차서 배가 곧 터질 지경이었습니다. 나는 배 위에 손을 얹고 간절하게 방언으로 기도하였습니다.

"하나님, 나의 장모님을 살려 주십시오. 암에서 깨끗하게 해방되게 하여 주시옵소서." 간절하게 기도하였습니다. 그때 하나님께서 나에게 느낌으로 응답해 주셨습니다.

"걱정 말아라. 네 기도가 응답되었느니라. 네 장모의 생명을 15년 연장하였노라."

"아버지, 감사합니다."

나는 방언 기도를 멈추고 하나님께 감사의 기도를 하였습니다.

그리고 함께 모인 식구들에게 선언하였습니다.

"장모님은 이 병에서 깨끗하게 치료되고 앞으로 15년 동안은 건강하게 사실 것입니다. 하나님께서 나에게 이렇게 말씀하셨습니다. 앞으로 교회 다니며 열심히 신앙생활을 하십시오."

그리고 집에 돌아왔습니다. 다음날 새벽에 장모님에게서 전화가 왔습니다. 너무나 기쁜 목소리입니다. 나를 부르는 칭호가 달라졌습니다.

"목사님, 목사님이 기도하시고 간 후에 고통이 멎고 화장실에 몇 번이나 갔습니다. 그리고 터질 것만 같던 내 배가 아주 정상적이 되었습니다. 나는 다 낳았습니다. 목사님, 감사합니다." 하는 것이었습니다. 장모님은 그 후로 교회에 열심히 다니시다가 15년 후에 편안히 돌아가셨습니다.

방언 기도로 하나님과 대화를 나눌 수 없다면 신유 기도를 할 수도 없었고, 병 고치는 은사도 나에게 나타나지 않았을 것입니다. 일반적으로 보통 목사님들은 신유기도는 열심히 하지만, 성령의 은사를 받지 못하신 분들은 기도만 하고 끝나는 것입니다. 확실한 응답을 받지 않았기 때문에 병이 나을지 낫지 않을지 본인도 모르는 가운데 "간절하게 기도하였으니 믿으시기 바랍니다." 하고 끝내는 것입니다. 그러나 방언 기도로 하나님과 대화를 나누게 되면 병이 고쳐지는 것을 확실하게 알게 됩니다.

신유의 기도에도 반드시 방언의 기도를 통해서 하나님과 대화를 나누어야 합니다. 신유 기도는 반드시 몇 가지 순서가 있습니다. 상담, 진단, 처방, 질문, 후속 조치가 순서입니다.

첫째는 본인과 상담하는 것입니다. 언제부터 이러한 증상이 나타났었는가? 병원에서는 무엇이라고 진단하였는가? 본인에게 먼저 물어야 합니다. 그것을 참고로 하지만 나는 성령님께 방언으로 물어봅니다.
"성령님, 이 사람이 이러한 사고로 이렇게 아프고 있는데 그 원인은 무엇입니까?"
성령님은 정확히 그 원인을 알려 주십니다. 어떤 때는 환상으로, 어떤 때는 성경 말씀을 통해서, 때로는 느낌으로 응답하십니다.
"교통사고 때 귀신이 들어가 있다."
"본인만이 알고 있는 어떤 습관적인 나쁜 행동 때문이다."
"과거의 어떤 경험 때문이다."
때로는 "본인만이 알고 있는 어떤 은밀한 죄 때문이다." 등등…
성령님은 반드시 그 원인을 구체적으로 알려 주십니다.

둘째는 성령님께서 알려 주신 것을 바탕으로 진단을 하는 것입니다. 그리고 상담자에게 그 원인을 알려 주고 앞으로 어떻게 할 것인지 알려 줍니다.
셋째는 그 진단을 바탕으로 처방을 하게 됩니다. 축사를 할 것인지, 회개 기도를 시킬 것인지, 상담을 통해서 마음의 상처 치유를 할 것인지를 결정합니다. 물론 이것도 방언 기도로 성령님께 물어보고 성령님의 지시를 받는 것입니다.

넷째는 기도 받은 후에 반드시 본인에게 다시 질문을 해야 합니다.

"지금의 상태는 어떤가?"

"하나님께서 고쳐 주셨다고 확신하는가?"

물론 대부분 이러한 질문을 하기 전에 본인이 치유된 것을 알고 기뻐하기도 하고 눈물을 흘리며 감사하기도 합니다. 그러나 본인이 하나님께서 고쳐 주셨다는 것을 확신하여야 합니다.

다섯째는 후속 조치입니다.

"앞으로 이렇게 이렇게 하세요."

예수님께서도 "다시는 죄를 짓지 말아라." 또는 "네 몸을 제사장에게 보여라." "간증을 하고 감사예물을 드려라."라고 하셨습니다.

우리도 그렇게 해야 합니다. 그래야 다시는 같은 귀신이 들어가지 못하고, 같은 증상이 나타나지 않게 되는 것입니다. 간증, 감사예물, 또는 새벽예배에 참석하게 한다든지, 성경을 읽게 한다든지 필요한 것을 성령님께 물어보고 후속 조치를 해야 합니다.

신유 기도는 모든 사역자들이 반드시 해야 할 사역입니다. 그래서 누구나 병든 자들을 위해서 기도합니다. 그러나 어떤 경우에는 병이 치료되기도 하지만 어떤 경우에는 병이 치료되지 않기도 합니다. 그러다 보면 나는 신유의 은사를 받지 않았다고 생각하여 신유 기도에는 별로 신경 쓰지 않습니다.

그러나 잘못 생각한 것입니다. 빈 야드 운동을 하셨던 존 윔버 목사님은 3년을 매 예배 시간마다 아픈 자들을 강대상 앞으로 나오라고 해서 기도를 하였습니다. 그러나 한 사람도 고침을 받지 않았다고 합니다. 성경은 분명히 병든 자에게 손을 얹은즉 나을 것이라고 약속하였는데 실제로 3년 동안을 안수하며 기도하였지만 한 사람도 낫지 않았던 것입니다. 이제는 예배가 끝나고 아픈 자들은 강대상 앞으로 나오라고 해도 나오는 사람이 없었습니다. 또한 교인들 중에서 목사님께 신유 기도를 요청하는 사람도 없었습니다. 모든 교인들이 목사님은 신유의 능력이 없다고 믿고 있었기 때문입니다.

그런데 어느 날, 예배가 끝난 오후에 목사님께 전화가 왔습니다.
"목사님, 저의 집 사람이 지금 열이 나고 거의 정신을 못 차리는데 빨리 오셔서 기도해 주세요!"
웜버 목사님은 깜짝 놀랐습니다. 최근 들어 목사님께 신유 기도를 해 달라고 하는 전화는 처음이기 때문입니다. 부리나케 달려갔습니다. 그리고 안수를 하면서 간절하게 기도하였습니다. 열병을 꾸짖고 떠나라고 명령하였던 것입니다. 그리고 잠시 그 남편과 대화를 나누었습니다.
"언제부터 우리 교회에 나오셨습니까?"
"목사님, 저희들은 오늘 처음 목사님 교회에 참석했습니다. 다른 곳에서 이곳으로 이사 왔거든요."
'그럼, 그렇지. 나에게 신유 은사가 없다는 것을 모르고 있었구나' 하면서 웜버 목사님은 속으로 실망했습니다. 그런데 방금 열이 100도나 올라서 기도를 받았던 부인이 차를 쟁반에 담아 가지고 나온 것입니다. 목사님은 너무나 깜짝 놀랐습니다.

"어떻게 된 거예요?"

"예, 목사님이 기도하시면서 나에게 안수하실 때 열병이 떠나가고 내 몸은 씻은 듯이 나았습니다."

윔버 목사님은 너무나 감격하여 울었다고 합니다.

"드디어 나에게도 신유 은사가 나타났구나. 주님, 감사합니다. 주님, 감사합니다!"

그로부터 존 윔버 목사님은 세계적인 신유 은사자가 되어 수많은 사람들을 치유하였습니다. 내가 잘 아는 목사님도 폐암 4기였는데 그분에게 기도받고 깨끗하게 나아서 후에 목사가 되었습니다.

사랑하는 모든 동역자 여러분, 한두 번 기도하고 병이 낫지 않는다고 실망하지 마세요. 당신의 믿음을 훈련시키고 계신지 모릅니다. 그러나 주님께서 약속하신 말씀은 틀림없이 나타납니다. 그리고 계속 믿음으로 기도하면 당신은 당연히 신유 은사자가 됩니다. 신유 은사는 특별한 사람에게 주신 것이 아닙니다. 믿는 자, 누구에게나 약속하신 주님의 말씀입니다.

"후 앰 아이(who am I)?", "나는 누구인가?"

"나는 하나님의 동역자이다."

"나는 병 고치는 은사자이다."

"나는 병든 자가 있으면 무조건 기도해 줄 것이다."

## 4

## 특별한 은사자란 없다

마가복음 11:23에서 예수님은 말씀하셨습니다.

"내가 진실로 너희에게 이르노니 누구든지 이 산더러 들리어 바다에 던져지라 하며 그 말하는 것이 이루어질 줄 믿고 마음에 의심하지 아니하면 그대로 되리라"

예수님은 이것을 우리에게 말씀하고 계십니다. 누구든지는 당신입니다! 누구든지는 나입니다! 누구든지는 모든 사람입니다! 하나님은 사람을 차별하시지 않습니다. 그분은 단순히 말씀하십니다, "누구든지."

이 특별한 구절은 매우 중요합니다. 그것은 치료의 한 가지 방법으로 해야 할 많은 것이 들어 있기 때문입니다. 그것은 말하고 있습니다, "누구든지 말하면." 그것은 말하고 있지 않습니다, "누구든지 기도하면!" 그것은 말하고 있습니다, "누구든지 말하면!" 다시 말하면 "명령하면…"입니다.

그리고 말하는 것과 기도하는 것 사이에는 큰 차이가 있습니다. 당신이 이 산에게 "가라, 네 자신이 바다 속에 던져져라."라고 말할 때, 당신은 그 산에게 어떤 것을 하라고 명령하는 것입니다. 당신은 그리스도 안에서 당신이 누구인지 알기 때문입니다. 당신은 당신 안에 하나님의 능력을 가지고 있습니다. 그리고 당신은 성경이 당신에게 실행하라고 하는 그 방법을 하나님의 아들의 권위로 실행하는 것입니다. 그래서 당신이 능력을 가지고 있다는 것을 마귀가 알게 하기 위한 것입니다.

당신이 기도할 때, 당신은 하나님께 어떤 것을 해 달라고 요구하는 것입니다. 당신이 말할 때, 당신은 당신에게 임한 권세로 명령하는 것입니다, 어떤 것이 이루어지라고!

당신은 제자들이 성령으로 세례를 받은 후에는 결코 아픈 자들을 위해서 기도하지 않았다는 사실을 깨닫고 있습니까? 오직 한 번 사도 바울이 그 섬의 추장의 아버지인 퍼블리우스에게 기도한 후에 그의 손을 그에게 얹어서 치료했다고 말합니다. 이것이 우리가 신유 사역하기 전에 기도한 유일한 성경입니다.

예수님은 하늘에 있는 것과 땅에 있는 모든 권위가 그분에게 주어졌었다고 말씀하셨습니다. 그래서 그분은 우리에게 돌아다니면서 귀신을 쫓아내며, 병든 자들에게 손을 얹고 그들을 치유하라고 명령하셨습니다. 예수의 이름을 사용하라고 하시면서 그분의 권위를 우리에게 주셨습니다. 예수님께서는 이 약속에 대해서 어떤 제한도 두시지 않았습니다. 이 약속에 대해서 "그가 말했던 것이 그에게 좋은 것이라면 그가 갖게 될 것이다."라고 그분은 말씀하지 않으셨습니다. 그분은 말했습니다, "그가 말했던 것은 무엇이든지 그는 갖게 될 것이다."

마가복음 11:23은 틀림없습니다. 나는 "누구든지"입니다. 그리고 당신도 "누구든지"입니다. 예수님께서는 말씀하셨습니다, "누구든지"라고. 그분은 그 구절을 믿는 모든 하나님의 종은 "가라, 네 자신이 바다 속에 던져져라"라고 말할 수 있고 그리고 만약 그가 그의 마음에 의심하지 않는다면, 그가 말한 것을 무엇이든지 그는 갖게 될 것이라고 말했던 것입니다.

왜 그렇게 많은 사람들이 하나님 대신에 마귀를 쉽게 믿습니까? 좋은 일 대신에 나쁜 일들이 일어날 것이라고 사람들이 쉽게 믿습니까? 왜 그렇습니까? 마귀는 아주 작은 증상을 가지고 옵니다. 그리고 그런 유혹으로 말하는 것입니다. "오, 나는 어떤 증상이 있습니다. 아직도 나는 아픕니다."

거기서 멈추세요! 어떤 증상을 느끼게 하는 마귀의 말에 귀 기울이지 마십시오. 하나님의 약속을 믿고 기도해야 하고 그 약속을 믿어야 합니다. 요엘서 3:10에는 말합니다. "약한 자도 이르기를 나는 강하다 할지어다."

우리는 당신이 마가복음 11:23에서 말씀하시기를 "~에게." 말하는 것을 깨닫기를 바랍니다. 그것은 "누구든지 이 산에게 말한다면." 이라고 말하고 있습니다. 그 산이 당신의 질병이라면, 당신은 그 질병 자체에게 말할 필요가 있습니다. 그것이 유행 감기라면, 당신은 말해야 합니다,

"독감아, 나가라! 나는 내 몸에 네가 빨리 퍼지는 증상에 대해서 조금도 흥미롭지 않다. 나는 너를 위한 시간이 없다. 나는 해야 할 많은 일들이 있다. 그래서 내가 예수의 이름으로 명령하니 독감아, 즉시 떠나가라!"

만일 그것이 암이라면, 그 암에게 말하세요. 만일 그것이 허리 아픔이라면 그 아픈 허리에게 말하세요. 권위를 가지고 말하고 그것을 믿으십시오! 의심은 던져 버리고 불신이 기어오는 것을 허락하지 마세요. 마귀에게 흔들림이나 어떤 증상을 허락하지 마십시오. 그리고 의심하지 않고 그의 마음에 그가 말하는 것이 이루어질 것을 믿는 것입니다.

의심과 불신은 항상 마귀로부터 옵니다. 우리는 언제든지 의심과 불신이 말하는 소리를 듣습니다. 듣지 마세요, 그것은 마귀 그 놈입니다! 하나님은 결코 의심을 말하지 않습니다! 명령하세요, 질병에게 떠나가라고!

그러나 이것 때문에 문제들이 일어납니다.

이사야 53:5, "그가 찔림은 우리의 허물을 인함이요, 그가 상함은 우리의 죄악 때문이라, 그가 징계를 받으므로 우리가 평화를 누리고, 그가 채찍에 맞음으로 우리가 나음을 받았도다." 우리 모두에게 잘 알려진 성경 구절은 이미 이루어졌습니다.

그러나 무엇인지 아십니까? 만일 당신이 계속해서 예수님이 채찍에 맞으심으로 나는 치료를 받았다고 계속 믿고 말한다면, 어느 날 당신은 갑자기 당신이 정말로 치료를 받았다는 것을 깨닫게 될 것입니다. 그동안에, 만일 당신이 약물 치료를 받고 있다면, 계속 그렇게 하세요. 당신이 완전히 치료를 받을 때까지는 그렇게 살아야 합니다.

지금 이 순간에도 하나님의 자비하심은 받을 가치도 없는 죄인들에게 그리스도를 통해서 우리에게 부어 주고 계십니다. 그리고 지금 그분은 우리를 온 세상으로 보내고 계십니다. 모든 사람들에게 하나님의 위대한 일들을 말하라고 우리를 온 세상으로 보내고 계십니다. 그리고 하나님은 지금도 그분의 약속들을 실행하고 계십니다.

성령의 은사(恩賜)란 성령께서 우리에게 나타나셔서 일하시는 것을 말합니다. 성령께서 우리를 통해서 역사하시는 것입니다. 예수 믿고 하나님의 자녀가 된 우리 안에는 성령께서 임재해 계십니다. 그분이 우리를 통해서 역사하시는 것입니다. 그러나 우리가 성령께서 하시는 일을 알지 못하면 성령께서 일하시도록 순종하지 않기 때문에 아무런 역사가 일어나지 않는 것입니다.

누구나 배워서 순종하기만 하면 성령께서 역사하십니다. 특별한 은 사자는 없습니다. 그분들도 어느 날 성령님께 순종하고 성령님이 우리를 통하여 일하시도록 허락한 그 순간부터 은사자가 된 것입니다.

하나님의 자녀가 된 우리 크리스천들은 반드시 해야 할 사명이 있습니다. 그것이 전도입니다. 예수님은 그것을 지상명령(至上命令)으로 주셨습니다. 가장 큰 명령입니다. 당신이 하나님의 자녀가 되어서 정말로 기쁘다면 이 기쁜 소식을 전해서 다른 사람들도 이 기쁨 가운데 살도록 해야 합니다.

"너희는 온 천하에 다니며 만민에게 복음을 전파하라."
(마가복음 16:15)

더구나 감사한 일은 우리에게 전도하라고 명령하신 예수님은 우리에게 놀라운 약속들을 하셨습니다. 우리가 전도할 때 놀라운 표적들이 따라오게 된다고 하셨습니다.

"믿는 자들에게는 이런 표적이 따르리니 곧 그들이 내 이름으로 귀신을 쫓아내며, 새 방언을 말하며, 뱀을 집어 올리며, 무슨 독을 마실지라도 해를 받지 아니하며, 병든 사람에게 손을 얹은즉 나으리라." (마가복음 16:17, 18)

이러한 표적들이 성령의 은사들입니다. 이러한 성령의 은사가 우리에게 나타나려면 믿기만 하면 됩니다. 특별한 은사자는 없습니다. 모르기 때문에 우리 안에 계시는 성령님께 순종하지 못하는 것입니다. 이러한 치유의 은사가 더 활발하게 나타나기 위해서는 영분별, 믿음, 지혜의 말씀, 지식의 말씀 등의 은사가 함께 따라야 합니다.

하나님은 신실하십니다. 하나님은 약속하신 것을 변개치 않으신다는 말입니다. 내가 병을 고치는 것이 아니라 내 안에 계시는 성령님께서 고치는 것을 믿고 담대하게 손을 내밀어야 합니다. 그러나 손을 내밀어 병든 자를 만지며 간절하게 기도하지 못하는 이유는 안 나으면 창피하기 때문입니다. 전도는 믿을 때까지 하는 것같이 치유기도는 나을 때까지 믿음으로 기도하는 것입니다. 역사하시는 분은 하나님이십니다. 우리는 오직 믿음으로 순종하는 것입니다.

치유는 인간의 본능입니다. 모든 만물은 스스로 치유하고자 하는 본능이 있습니다. 이것이 하나님께서 모든 만물에게 주신 생명력입니다. 교회 내에서도 헬라 철학의 영향을 받아서 영은 거룩하고 혼과 육은 더러운 것이라고 생각했습니다. 그러므로 영의 죄 사함을 강조하고 혼과 육은 복종시키려고 했습니다. 하나님께서 과연 영만 중요하게 생각하시고 혼과 육은 더러운 것으로 취급하셨을까요? 하나님은 우리를 하나님의 형상과 모양대로 창조하셨습니다. 그리고 심히 기뻐하셨다고 하셨습니다. 예수 그리스도께서도 인간의 육체를 입으시고 이 땅에 오셨습니다. 그 육신을 사용하셔서 이 땅에서 사역하셨습니다. 우리의 육신은 영만큼 중요합니다. 육체가 없으면 우리는 하나님의 사역을 할 수 없습니다. 지상명령도 수행할 수 없습니다.

그리고 성령님께서 인간의 영 안에 들어오신 목적은 우리 인간이 영이 회복하면 혼을 지배하며 육체까지도 하나님의 도구가 되기를 원하시기 때문입니다. 치유란 전인적인 즉, 영과 혼과 육체의 관계가 회복하는 것입니다.

하나님은 천사들을 통해서 하나님이 원하시는 모든 사역을 하실 수 있습니다. 그러나 하나님이 우리 인간을 하나님과 똑같이 만드시고, 우리 인간을 예수를 믿어서 하나님의 자녀로 거듭나게 하시고, 예수님이 이 땅에서 하시는 모든 사역을 우리들도 똑같이 할 수 있도록 성령님께서 우리에게 들어오셔서 사역하시는 것입니다.

하나님께서는 우리 인간을 하나님의 뜻을 이루는 하나의 도구로 사용하기를 원하지 않으십니다. 우리 인간에게 자유의지를 주시고 인격적으로 대하십니다. 그래서 내가 하나님의 뜻을 알고 하나님을 위해서 일하겠다고 결정하지 않으면 하나님께서는 결코 우리를 사용하지 못하십니다.

그래서 성령이 우리 안에 들어오면 제일 먼저 나타나는 은사가 방언의 은사입니다. 방언의 은사는 누구나 원하기만 하면 방언이 터집니다. 성령님이 오시면 제일 먼저 주시는 은사가 방언인 이유는 방언을 통해서만 성령님의 다른 은사들을 우리가 깨달을 수도 있고, 그 은사들을 사용할 수 있기 때문입니다. 방언은 성령 받은 모든 사람들이 할 수 있습니다. 방언이 터지면 누구나 성령님의 9가지 은사를 사용할 수 있습니다. 그러므로 특별한 은사자는 없습니다.

방언이란 성령님의 감동을 받아 말하는 것으로서, 말하는 자가 전혀 배우지 않았던 언어, 그것은 지상에서 알고 있는 언어일 수도 있고, 아니면 사람이 전혀 알아들을 수 없는 영적인 언어(하나의 소리)일 수도 있습니다.

> "방언을 말하는 자는 사람에게 하지 아니하고 하나님께 하나니 이는 알아듣는 자가 없고 그 영으로 비밀을 말함이니라." (고린도전서 14:2)

이 방언은 사람끼리 대화하는 것이 아닙니다. 방언은 하나님과 대화하기 위한 수단으로 우리에게 주신 것입니다. 그러므로 방언은 사람의 지식이나 능력이 아니라 우리 영이 하나님과 대화하는 것입니다. 방언은 육에게도 혼에게도 덕을 주는 것이 아니고 영에만 도움이 준다고 하였습니다.

하나님께서 인간을 창조하실 때 영과 혼과 육으로 창조하시고, 영으로는 하나님과 교통하며, 육으로는 하나님을 기뻐하는 삶을 살게 하셨습니다.

그러나 모든 사람이 영이 죽어 있으므로 육이 혼을 지배하고 있습니다. 그러나 예수를 믿고 영이 다시 살아나게 되면 영이 혼을 지배하게 됩니다. 육체와 영은 서로 상반된 생각을 합니다. 우리가 영으로 살면 육의 일은 점점 억제하게 되며, 영이 점점 강해지면 자연히 하나님과 같이 교통하며 살게 되며, 성령님의 능력이 따르게 됩니다.

육에 속한 사람은 성령의 일이 미련하게 보입니다. 육에 속한 사람이 성령을 받고 방언하는 것을 보면 미련하게 보이는 것은 당연합니다. 예수를 믿고 난 후에도 방언을 말하는 사람들을 보면 이해하지 못할 수도 있고 비난을 할 수도 있습니다. 그것은 그들이 방언의 유익을 알지 못하기 때문입니다. 그러나 안타까운 것은 그러한 사람들은 성령의 은사들을 사용하지 못한다는 것입니다.

사도 바울은 우리에게 성령의 9가지 은사를 설명하신 분입니다. 로마서를 통해서, 고린도전서를 통해서 성령의 은사들을 알려 주시고 그분이 누구보다 방언을 더 말하고 있다고 고백하였습니다.

"내가 너희 모든 사람보다 방언을 더 말하므로 하나님께 감사하노라."(고린도전서 14:8)

그런데 왜 방언을 사모하지 않으십니까? 방언을 못 하는 것을 왜 부끄럽게 생각하지 않으십니까? 왜 방언의 은사를 받고도 사용하지 않으십니까? 방언을 사모하세요. 그러면 여러분에게도 성령의 은사가 나타나기 시작할 것입니다. 방언의 은사를 받고도 사용하지 않으신 분들은 방언의 은사가 가장 중요하다는 것을 깨달으시고 방언을 계속하세요.

나는 어렸을 때부터 예수를 믿고 교회를 다녔습니다. 그러나 은사를 중요하게 여기지 않는 교회를 다녔기 때문에 방언하는 것을 좋게 여기지도 않았고 사모하지도 않았습니다. 성령을 받고 주님 앞에 헌신하기로 결심하고 신학교에 다니면서 은사를 사모하고 방언하기를 기도하였지만 방언의 은사가 임하지 않았습니다. 은사 충만하고 능력 있는 목사님을 찾아가서 방언의 은사를 위해서 기도를 받았는데 목사님께서 "성령 받은 사람은 다 방언의 은사가 임해 있습니다. 다른 생각하지 말고 주님만 바라보며 '라라라라라' 하고 기도해 보세요. 저절로 방언이 될 것입니다."라고 하셨습니다. 내 상식에 맞지 않은 말씀이었지만 순종하고 기도하였더니 방언이 터지면서 회개 기도가 터지기 시작 하였습니다.

그러나 방언의 은사를 받은 사람이라 할지라도 자기가 무슨 말을 하는지 알지 못하기 때문에 방언을 하다가 그만두는 경우가 많습니다. 그러므로 방언은 반드시 통역이 되어야 합니다. 방언과 통역은 같은 동전의 양면이라고 할 수 있습니다. 방언과 통역은 너무나 밀접하게 관련되어 있기 때문에 공적인 예배에서 둘 중 하나가 없는 경우는 하지 못하게 하였습니다. 그러므로 방언을 말하는 자는 통역하기를 기도해야 합니다.

> "그러므로 방언을 말하는 자는 통역하기를 기도할지니, 내가 만일 방언으로 기도하면 나의 영이 기도하거니와 나의 마음은 열매를 맺히지 못하리라. 그러면 어떻게 할꼬? 내가 영으로 기도하고 또 마음으로 기도하며 , 내가 영으로 찬미하고 또 마음으로 찬미하리라." (고린도전서 14:13-15)

성경에 방언 통역에 대하여 명백하게 설명하는 구절은 없습니다. 그러나 위의 말씀을 통해서 방언 통역이 무엇인지를 알 수 있습니다. 방언으로 기도하는 가운데 성령께서 마음으로 깨닫게 해 주는 (또는 환상 등) 것을 깨달은 우리말로 표현하는 것이 방언 통역인 것입니다. 성령이 말하게 하심을 따라 깊은 영의 기도를 하는 가운데 깨닫게 해 주시는 내용을 우리말로 기도하는 것이 방언 통역입니다. 그러므로 누구나 방언을 깊이 하다 보면 자기가 무슨 방언을 하는 것인지 깨닫게 되고 이것을 말로 표현하며 기도하는 것입니다 이것이 "내가 영으로 기도하고 또 마음으로 기도하며"의 뜻입니다.

하나님은 우리와 대화하기를 간절히 원하십니다. 그분은 우리에게 계시하실 뿐만 아니라, 지혜의 말씀, 지식의 말씀을 하시기를 원하십니다. 하나님께서는 간혹 직접 말씀을 하시는 경우도 있습니다. 그러나 그것은 지극히 드뭅니다. 그러나 우리의 영이 하나님과 대화를 하면, 하나님께서도 우리의 영에게 말씀해 주십니다. 이것은 언제든지 방언 기도를 통해서 이루어집니다.

　하나님께서 우리들에게 말씀하기기를 원하시는 것을 잊지 마십시오. 성령의 감동에 민감하십시오. 언제나 하나님 앞에서는 마음을 활짝 여세요. 하나님께서 당신을 통하여 말씀하시게 하십시오. 그러면 하나님께서 원하시는 것이 무엇이며, 어떻게 그 일을 이룰 수 있는지 알려 주시며, 당신을 통해서 놀라운 일들이 일어납니다.

　　　　　"후 앰 아이(who am I)?", "나는 누구인가?"
　　　　　"나는 하나님의 동역자이다."
　　　　　"나는 항상 성령님께 순종한다."
　　　"특별한 은사자란 없다. 누구나 순종하면 성령께서 일하신다."

# 5

# 나의 영적 성장에 영향을 끼친 사람들

하나님께서 사람들을 통해서 나를 만드셨습니다. 내가 세상에 태어나서 만났던 수많은 분들이 나에게 영향을 끼쳤습니다. 어떤 분들을 통해서 용기를 얻고, 어떤 분들을 통해서 내가 도움을 받았고, 또 어떤 분들을 통해서 내가 훈련을 받았고, 어떤 분들을 통해서 내가 해야 할 일이 무엇인지 사명을 알게 되고, 어떤 분들을 통해서 내가 가야 할 길을 알게 되었습니다. 간혹 내 생애를 돌이켜보면 기억에 뚜렷이 남는 분들이 많이 있습니다.

아버지 오소동씨와 어머니 노질례씨를 통해서 나를 세상에 나오게 하신 분은 하나님이십니다. 병약하게 태어난 나를 위해서 어머니는 얼마나 고생하셨는지 커 가면서 조금이라도 알게 되었습니다. 어머니는 본인 자신이 젖이 나오지 않아서 먹을 것이 없을 때 동네 아줌마들을 찾아다니며 젖동냥을 하였다고 합니다. 내가 기억하는 첫 번째 어머니의 눈물은 먹을 것이 없어서 울고 있는 나의 얼굴에 어머니의 눈물이 떨어지던 것입니다. 저는 그 후에 아무리 배고파도 어머니 앞에서는 절대로 울지를 않았습니다.

어머니는 우리 동네에서 멀리 떨어진 곳을 다니며 동냥질을 했다고 합니다. 혹시나 사람들이 알면 우리가 다음에 컸을 때 거지의 자식이라는 놀림을 받을까 봐 아는 사람들이 아무도 없는 30리, 40리 떨어진 먼 곳을 다니며 먹을 것을 동냥했다고 하셨습니다. 그러한 어머니의 헌신적인 사랑으로 내가 죽지 않고 살아났던 것입니다.

초등학교 교장이셨던 한영옥 선생님을 통해서 내가 예수님을 영접하게 하셨습니다. 그분은 나를 데리고 교회에 다니셨습니다. 나에게 성경책을 주셨습니다. 그분 덕분에 나의 삶의 방향이 결정되었던 것입니다. 그분은 내가 초등학교를 졸업하였을 때 내가 중학교를 다닐 수 있는 길을 안내해 주셨습니다. 그분이 아니면 내가 대학을 졸업하고 박사 학위를 따고 전 세계에 다니며 강의와 부흥회를 인도하지 못했을 것입니다.

대한민국의 유명한 부흥사였던 이천석 목사님을 통해서 성령님이 지금도 강하게 역사하고 있다는 사실을 알게 되었습니다. 나의 딸이 내 옆에 있다가 그분의 안수를 통해서 방언이 터지는 것을 보았습니다. 그분 때문에 나의 영이 갈급한 것을 알게 하시고 우리가 산상기도회를 하게 하신 것입니다. 산상기도회는 당시 엘에이에서 성령운동을 하고 계셨던 예태해 목사님을 모시고 갔습니다. 내가 홀로 산에서 바위를 붙잡고 기도할 때 성령이 임하는 것을 체험하고 집회에 참석할 때 그분은 나에게 예언 기도를 하였습니다. 내 생애에 처음 받아 본 예언 기도였습니다. 아직 목사가 되겠다는 생각을 하지 않았을 때입니다. 전 세계에 비행기를 타고 다니며 부흥회를 인도할 것이라고 예언을 해 주었습니다.

내가 신학교를 다니고 전도사가 되었을 때 나에게 가장 많은 영향을 끼친 분은 은혜한인교회 담임이시며 우리 신학교의 교수였던 김광신 목사님이십니다. 그분을 통해서 한 지역의 목회가 아니라 전 세계에 흩어져 있는 수많은 사람들의 영혼을 보게 되었고, 내가 해야 할 일은 전 세계를 돌아다니며 복음을 전하는 것이 나의 사명인 것을 깨닫게 되었습니다. 나는 그분을 모시고 함께 대한예수교장로회 국제총회를 구성하였습니다. 그분은 우리 교단의 총회장이시고 나는 상임 총무로 20년 이상을 그분과 함께 사역하였습니다. 서울대학교를 나오신 그분은 성경을 체계적으로 잘 가르쳤습니다. 그분의 가르친 내용을 CD에 담아 선교사들에게 보급하는 일도 나의 몫이었습니다.

내가 갈급하고 있었던 그 시절에 빈야드 운동이 존 윔버 목사님을 통해서 활발하게 전개되고 있었습니다. 그분의 저서인 '능력 전도' 책을 탐익하였던 나는 그분이 가르치는 강의를 계속 참석하여 배웠습니다. 다행이 빈야드 교회는 내가 살고 있는 같은 오렌지 카운티에 있었기 때문에 그분을 만나고 그분에게 배울 기회가 나에게 있었습니다.

'안녕하세요 성령님'이라는 책을 통해서 유명해지신 베니 힌 목사님은 나에게 특별한 분이 되었습니다. 그분이 인도하는 집회에 몇 번 참석하였지만 특별히 내가 미국 디트로이트에서 그분에게 안수 기도를 받은 것은 주님의 인도함이었습니다. 미시간 주의 디트로이트 운동장에서 열린 부흥회였습니다. 1만 명 이상이 모여 부흥회를 하고 있었습니다. 나는 참석하여 함께 찬양하고 말씀을 듣고 은혜를 받고 있었는데 갑자기 베니 힌 목사님이 설교를 중단하며 나를 지적하였습니다. 그 많은 사람들 중에 나를 지적할 리가 없다고 생각했는데 집회를 돕는 가이드가 나를 일으켜 세워서 강단까지 인도하였습니다. 베니 힌 목사님은 지금 성령님이 지시하셨다고 하면서 나에게 예언 기도를 하였습니다. 전 세계에 다니며 복음을 전하는 부흥사가 된다는 내용이었습니다. 나는 기도를 받으며 성령의 능력으로 쓰러지고 말았습니다. 전 세계를 다니며 신학교에서 강의는 했지만 부흥회를 인도해 보지는 못했습니다. 그러나 언젠가 반드시 그렇게 되리라고 지금도 믿고 있습니다.

'신유의 방법' 책을 쓰셨던 찰스 헌터 부흥사를 잊을 수가 없습니다. 그분의 세미나에 처음 참석하였던 것은 미국 샌디에이고였습니다. 팔 다리가 자라며 척추가 교정되며 수많은 사람들이 치유되는 광경을 보며 예수의 이름으로 명령하면 모든 질병이 치유된다는 것을 믿기 시작했습니다. 그런데 내가 한국에 나와서 목회를 할 때 찰스 프란시스 헌터 부부를 모시고 잠실운동장에서 세미나를 하였는데 나는 러시아 선교사인 내 친구 정준규 선교사님과 함께 그 세미나를 참석하였습니다. 그날 찰스 헌터는 나를 특별히 지적하여 불러

내더니 자기의 제자가 되어 수많은 사람들을 치유하는 사역자가 될 것이라고 예언하였습니다. 그 후에 나도 많은 사람들을 기도할 때 귀신이 쫓겨나고 불치병이 치료되고 고장 났던 몸이 정상적으로 돌아오는 것을 보았습니다. 그러나 아직 찰스 헌터처럼 수많은 사람들을 치료하지는 못했습니다. 그러나 나에게도 그러한 기회가 곧 주어질 날이 있을 것이라고 기대하고 있습니다.

그 외에도 주님이 크게 사용하시는 목사님들로부터 나는 영감을 받았고 나의 영이 성장하는 것을 느꼈습니다. 조용기 목사님, 한경직 목사님, 김창인 목사님들로부터 많은 가르침을 받았습니다. 특히 신영균 목사님이 부흥사 학교를 운영하실 때 그분에게서 배웠고 그분의 영성을 많이 본 받았습니다. 또한 전광훈 목사님의 집회를 통해 목사님들이 애국운동을 해야 한다는 것도 내가 해야 할 사명인 것을 깨달았습니다. 오늘날 나를 영적인 사람으로 만들기 위해서 하나님께서는 많은 사람들을 사용하셨다는 것을 나는 압니다. 그리고 앞으로도 나의 아버지 하나님은 나를 계속 만들어 가실 것입니다.

"후 앰 아이(who am I)?", "나는 누구인가?"
"나는 하나님의 동역자이다."
"하나님은 나를 하나님의 사역자로 만드셨다."
"나는 수많은 선배들을 통해서 배웠고, 또한 후배들을 가르친다."

## 6

## 나는 예수의 이름으로 명령한다

원래 사람은 하나님과 사랑의 교제를 나눌 수 있도록 영적인 존재로 만들어졌습니다. 범죄하기 이전의 아담의 영은 깨끗하고 의롭고 거룩하였기 때문에 하나님의 능력과 동일한 권세를 부여받은 것입니다. 그런데 우리 인간은 하나님을 거역한 죄로 말미암아 모든 능력을 상실하게 되었습니다.

하나님께서 우리 인간에게 주신 모든 능력과 권세가 사라진 후에 마귀는 우리 인간을 자기의 종으로 삼고 죽이고 멸망시키는 것입니다. 오늘날 이 땅에서 일어난 모든 전쟁, 살인, 사고, 질병, 가난 등은 마귀가 우리에게 준 것들입니다. 마귀가 지배하는 이 땅에서 사는 모든 인간은 마귀의 권세에서 벗어날 수가 없습니다. 마귀에게 속아서 고통당하다가 결국 마귀와 함께 지옥에서 하나님의 형벌을 받을 수밖에 없는 것이 인간의 운명이 되고 말았습니다.

하나님께서는 고통당하는 우리 인간을 불쌍하게 여기시기 때문에 예수님을 통해서 구원의 길을 열어 놓으시고, 마귀의 손아귀에서 벗어나서 하나님 자녀로 살도록 하신 것입니다. 예수 믿는 목적은 죽은 다음에 천국에 가자는 것이 아닙니다. 이 땅에서 살면서도 하나님 자녀로서 권세를 누리며 마귀로부터 자유하고 하나님의 축복을 받고 사는 것입니다.

예수 믿고 거듭나서 성령을 받게 되면 우리 안에 하나님의 영이 함께 있게 되고 성령님의 권세가 바로 나의 권세가 됩니다. 그리고 하나님께서 원래 우리에게 주신 하나님의 능력이 나타나게 됩니다. 우리는 법적으로 완전히 의롭게 되었습니다. 예수 그리스도 안에서 죽었고, 예수 그리스도와 함께 살아나서, 예수 그리스도와 연합되었기 때문에 예수 그리스도의 권세가 바로 나의 권세가 되었습니다. 할렐루야!

우리는 하나님의 양자가 되었습니다. 양자란 과거의 모든 기록은 완전히 없어지고, 아버지의 모든 권리를 친자와 동일하게 유업으로 받게 되는 것입니다. 그러므로 우리는 예수 그리스도와 함께 동일한 하나님의 후사가 된 것입니다. 이 뜻은 우리는 이미 예수 그리스도와 동일한 능력과 권세를 받았다는 의미입니다. 예수의 이름을 사용한다는 것은 나는 예수를 믿고 하나님의 자녀가 된 자격으로 예수님처럼 명령한다는 것입니다. 우리의 몸은 지금은 비록 지상에 있지만 영적으로는 이미 예수 그리스도와 함께 하나님의 보좌 우편에 앉아 있는 신분입니다.

또한 예수님을 믿는 성도들은 예수의 이름을 사용할 권세를 받았습니다. 예수 안에서 예수 그리스도와 한 몸이 되었으므로 당연히 예수 그리스도의 이름을 사용할 권리를 받은 것입니다. 이름에는 그 사람의 권세가 있습니다. 그러므로 예수의 이름으로 무엇이든지 구하면 예수님께서 시행해 주시는 것입니다.

"너희가 내 이름으로 무엇을 구하든지 내가 시행하리니 이는 아버지로 하여금 아들을 인하여 영광을 얻으시게 하려 함이라"(요한복음 14:13)

예수의 이름을 사용하면 엄청난 능력이 나타납니다. 베드로는 '은과 금은 내게 없거니와 내게 있는 것으로 네게 주노니 곧 나사렛 예수 그리스도의 이름으로 걸으라'고 명령하여 나면서부터 앉은뱅이를 걷게 하였습니다. 우리도 예수 그리스도의 이름으로 명령하면 그 이름의 권세로 기적이 나타나는 것입니다.

예수의 이름을 사용하여 기도하는 것보다 명령하는 것이 더 자연스럽고 훨씬 능력이 있습니다. 예수를 믿는 모든 성도들은 대부분 기도를 하고 맨 나중에 '예수의 이름으로 기도합니다.'라고 합니다. 내가 구했던 모든 내용은 '예수의 이름의 권세로 기도했습니다.'라는 의미입니다.

그러나 성경을 자세하게 살펴보면 예수의 이름으로 기도하는 것보다 예수의 이름을 사용하여 명령하는 것이 더 많이 나타납니다. 중보 기도는 하나님께 기도하여 하나님께서 치료하시도록 요청하는 것입니다. 그러나 예수 이름을 사용하여 명령하는 것은 이미 나에게 모든 권세를 주셨기 때문에 그 권세인 예수의 이름으로 명령하는 것입니다. 귀신을 쫓아낼 때, "귀신을 쫓아내 주시옵소서." 하고 기도하지 않습니다. 귀신에게 직접 명령하는 것입니다.

"귀신아 나오라!"

"질병은 고쳐져라!"

"이 산은 들리어 바다로 옮겨져라!"

예수님께서도 귀신을 쫓아내고 병을 고치실 때 항상 명령하셨다는 것을 생각하시기 바랍니다. 사도행전에 보면 제자들도 모두 명령으로 병을 고쳤습니다. 그러므로 우리도 기도보다는 명령을 하는 것이 훨씬 권능이 있게 되고 영적으로 귀신을 제압하게 하는 것입니다. 내 안에 계신 그리스도의 영을 의지하고, 그리스도께서 주신 예수 이름의 권세로 담대하게 명령하는 것입니다.

예수를 믿고 하나님의 자녀가 된 모든 그리스도인들에게 하나님께서 주신 권세는 아주 많습니다. 예수의 이름으로 기도하는 권세입니다. 예수 이름을 사용하여 세상 만물에게 명령할 수 있는 권세입니다. 예수의 이름으로 성령께서 주신 각종 은사를 사용할 권세입니다.

특별한 은사자는 없습니다. 누구나 믿음을 가지면 권능이 나타나게 되는 것입니다. 성경 어디를 보아도 특별한 사람에게만 예수 이름을 사용할 수 있는 권세를 주신 적이 없습니다. 예수를 믿는 모든 자들은 예수의 이름을 사용할 권세를 가지고 있습니다. 베니 힌도, 찰스 헌터도, 조용기 목사도, 빌리 그래함 목사도 똑같이 예수 이름을 사용했던 분들입니다. 여러분도 예수의 이름을 마음껏 사용하세요. 예수님이 약속하셨습니다. '내 이름으로 (예수 이름으로) 무엇을 명령하든지, 구하든지, 내가 시행해 주겠다'고 하셨습니다.

내가 주님의 사역자가 되어 가장 기쁜 것은 주님께서 항상 나와 함께하신 것입니다. 내가 주님의 일을 하는 것이 아니라 주님이 내 일을 해 주시는 것입니다. 나에게 예수 이름을 사용할 권세를 주시고, 내가 예수의 이름으로 명령하면 천사들을 동원해서 그 일을 이루어 주시는 것입니다. 이 산더러 들리어 바다에 던져지라고 명령하면 이 산이 던져져서 바다로 빠지게 되는 것을 수없이 보았습니다. 이보다 귀중한 일이 어디에 있겠습니까?

> "주 예수 그리스도의 은혜와 하나님의 사랑과 성령의 교통하심이 너희 무리와 함께 있을지어다" (고린도후서 13:13)

예배를 마치면서 목사님이 축도를 합니다. 사도 바울이 항상 사용하는 축도문입니다. 사도 바울은 내가 명령하면 이루어진다는 확신을 가지고 선언하는 것입니다. 바울 서신과 베드로 서신의 맨 마지막에는 항상 공통적으로 "있을지어다"로 마감합니다.

목회를 하는 동안에 임신하지 못한 부부가 나에게 기도 요청을 한 적이 많이 있었습니다. 나는 그들에게 기도해 주었습니다. 그리고 마지막에 항상 명령합니다.
"내가 예수의 이름으로 명령한다. 오늘 밤 이 여자의 자궁에 자녀가 잉태될지어다!"

이렇게 기도하여 잉태된 사람들이 아주 많습니다. 제가 목회했던 교회에서 잉태되지 못한 집사님이 기도를 받고 잉태되어 아들을 낳았습니다. 마이애미에 부흥회를 인도하러 갔었는데 장로님이 상담이 들어왔습니다. 자기의 외아들이 이 교회 목사인데 결혼한 지 10년째 자녀가 없다는 것입니다. 나는 목사 내외를 불러서 기도하고 사모의 자궁 위에 목사의 손을 얹게 하고 나의 손은 그 목사의 손 위에 얹고 명령하였습니다.
"내가 예수의 이름으로 명령한다. 이 사모의 자궁에 오늘 밤에 자녀가 잉태될지어다!"

산호세에서 목회를 하시는 목사님 부부도 결혼한 지 15년이 되었는데 자녀가 없다고 해서 기도하였습니다. 남미 아르헨티나에서 선교를 하는 선교사님 부부도 자녀가 없다고 해서 기도하였습니다. 모두 마지막에 사모의 자궁 위에 남편의 손을 얹고 그 위에 내 손을 얹고 명령 기도를 하였습니다.

"내가 예수의 이름으로 명령한다. 이 사모의 자궁에 오늘 밤에 자녀가 잉태될지어다!"

공무원이 되기를 원하는 자매가 있었습니다. 공무원 시험을 일곱 번이나 보았는데 떨어졌다는 것입니다. 금년에는 꼭 합격할 수 있게 기도해 달라는 것입니다. 시험에 합격하는 것은 아주 간단합니다. 합격과 불합격의 차이는 아주 몇 점밖에 안 됩니다. 하나님께서 조금만 도와주셔도 가능합니다. 나는 그 자매의 머리에 손을 얹고 기도하였습니다.

"내가 예수의 이름으로 명령하노니, 시험 보는 날에 이 자매가 잘 아는 문제만 출제될지어다. 예수의 이름으로 명령하노니, 시험 보는 날에 이 두뇌는 제 기능을 발휘할지어다! 반드시 합격할지어다!"

"후 앰 아이(who am I)?", "나는 누구인가?"
"나는 하나님의 동역자이다."
"나는 예수의 이름을 사용할 권세를 가지고 있다!"
"나는 예수의 이름으로 세상 모든 사람들을 구원하겠다."

# 7

## 팔 다리를 자라게 하고 교정하라

"예수께서 행하신 일이 이 외에도 많으니 만일 낱낱이 기록된다면 이 세상이라도 이 기록된 책을 두기에 부족할 줄 아노라"(요한복음 21:25)

성경에는 예수님께서 여러 가지 방법으로 병을 고치셨다고 말씀합니다. 그중에는 예수님의 옷자락에 손을 대기만 했는데도 병이 나았습니다. 때로는 주님께서 손을 잡고 기도하는 것도 있습니다. 손을 잡아 준다는 것은 아주 사랑한다는 표현입니다. 그리고 예수님께서는 많은 병을 명령으로 고치셨습니다. 그리고 우리들에게도 명령으로 기도하면 병이 고쳐진다고 말씀하십니다.

성경에는 여러 가지 방법으로 병이 치료된 것을 기록하고 있습니다. 그리고 성경에 기록되지 않는 방법도 있었다고 합니다. 그러므로 여러 가지 방법을 시도해 볼 필요가 있습니다. 단지 병은 결단코 하나님이 원하시는 것이 아닙니다. 모든 질병은 마귀로부터 왔습니다. 하나님께서는 자기의 자녀가 병에 시달리는 것을 원치 않으십니다. 그래서 우리들에게 귀신을 쫓아내고 병든 자를 고치라고 부탁하신 것입니다.

성경에 기록되지 않았지만 많은 치유 방법을 사람들은 알고 있고 행하기도 합니다. 그중에서 우리 선교사님들이 많이 사용하는 부황을 뜬다든지, 침을 놓는다든지, 전자침을 사용하는 경우도 있습니다. 저도 전자침을 자주 사용합니다. 그리고 전자침은 통증을 완화하는 데 아주 효과가 좋습니다. 손발 저림, 통증, 마비 증상을 치료하기에 편리합니다.

대부분의 사람들의 85%가 허리 병 때문에 고통을 당한다고 합니다. 이 허리 병은 팔 다리의 조정으로 치료가 됩니다. 척추에는 수많은 신경 계통이 모여 있습니다. 팔 다리를 조정하면 척추가 교정되며 질병이 치료됩니다. 이 방법을 보급했던 사람은 '신유의 방법' 책을 쓰셨던 찰스 헌터입니다. 신유의 방법에 나온 대로 저도 시험해 보았더니 놀라운 치료가 되었습니다. 그리고 직접 헌터로부터 치유 세미나에서 배웠고 그 방법을 제자들에게 가르쳤고 그들도 같은 방법으로 많은 사람들을 치료하고 있습니다.

사람의 척추는 경추, 흉추, 요추, 천골, 미골로 구성되어 있습니다. 척추는 24마디로 이루어져 있는데 경추 7마디, 흉추 12마디, 요추 5마디로 이루어져 있습니다. 척추 마디마다 작은 구멍이 62개가 있는데 그 각 구멍마다 약 300,000개의 신경 섬유가 통과한다고 합니다. 척추의 척추골 어느 하나가 조금만 탈구, 즉 제 위치를 벗어나도 조그마한 구멍 중 하나를 막아서 신경을 '찌르게' 되며, 정상적인 신경 자극 전달을 방해하게 됩니다.

### 경추 조절 (목일) :

경추의 가장 꼭대기의 것이 환추골이며 머리를 양옆으로 돌리게 합니다. 나머지 경추는 앞뒤로 회전합니다. 경추로부터 나오는 신경은 얼굴과 머리, 목, 어깨를 지배합니다. 목 디스크는 축농증, 비후성 질환, 코골이, 안면 마비, 두통 등의 질병을 유발하며 이를 고치지 않고 수술하면 반드시 재발됩니다. 경추를 조절하기 위해서는 엄지손가락을 위로 향하게 해서 귀 양쪽에 대고, 나머지 손가락들은 경추인 목 뒤쪽을 붙잡고, 머리를 가볍게 들면서 양옆으로, 앞뒤로 돌립니다. 그러면서 근육, 인대, 신경이 풀리도록 명령하고 척추골과 디스크가 예수님의 이름으로 조절되도록 명령합니다.

"내가 예수의 이름으로 명령하니, 경추는 조절되며, 근육과 인대와 신경은 풀려서 제 기능을 발휘할지어다! 어긋난 디스크는 제자리고 돌아갈지어다! 모든 통증(특히 아픈 중세)은 사라질지어다!"

### 흉추 조절 (팔을 자라게 하라) :

흉추에 이상이 생겼을 때 한 손이 짧든지 길든지 합니다. 특히 어깨 신경계통에 이상이 발생했을 때 양쪽 팔의 길이가 다른 것을 쉽게 발견할 수 있습니다. 12개의 흉추와 관련된 질병들이 흉추를 조절하고 팔의 길이를 조절하므로 치료될 수 있습니다. 흉추에 이상이 있어서 신경이 막힐 때 일어나는 질병은 천식, 호흡곤란, 흉통, 폐렴, 기관지염, 황달, 소화불량, 속 쓰림, 위 질환, 당뇨병, 백혈병, 발진, 만성피로, 피부병, 습진 등입니다.

팔이 자라는 것은 즉시 낫기 때문에 전시 효과가 크며 누구나 할 수 있는 쉬운 사역입니다. 먼저 꼿꼿이 서서 팔을 양옆으로 벌리게 하고 코를 중심으로 두 손을 모으게 합니다. 그리고 손끝을 살펴보면 팔의 길이가 다른 것을 알 수 있습니다. 팔의 길이가 다를 때는 팔이 자라도록 명령하며 척추가 교정되도록 명령하면 통증이 사라지며 위와 같은 질병들이 고쳐집니다.

"내가 예수의 이름으로 명령하니, 오른쪽(짧은 쪽) 팔아, 자라라! 척추는 교정되어라! 근육과 신경과 인대는 풀려서 제 기능을 발휘할지어다! 통증(아픈 증세)은 사라지고, 질병은 치료될지어다! 팔아, 척추는 교정되며 자라라! 팔아, 자라라!"

### 요추 조절 (다리를 자라게 하라) :

발은 우리 몸의 역학적 기초이고 건강과 불가분의 관계에 있습니다. 인간의 발은 서 있을 때나, 걸을 때나 전신을 지탱해주는 기초라 할 수 있습니다. 여러 가지 원인에 의해 과로나 무리나 허약으로 말미암아 발의 신경 반사는 목이나 허리 등 전신에 부조화를 일으키고, 더욱 악화되어 발의 균형을 무너뜨리거나 전신의 신경계통을 압박하고 자극하며 질병을 일으킵니다. 요추에 이상이 생겨 신경이 막힐 때 일어나는 질병은 변비, 대장염, 설사, 충수염, 방광질환, 생리통, 생리불순, 요통, 좌골 신경통, 하지 순환 불량, 부은 발목, 찬 발 등입니다.

많은 사람들이 허리 디스크로 인하여 고통을 받고 있으며 이는 요추의 이상으로 허리 부분에 통증을 느끼는 것입니다. 장과 신장, 부인병, 허리 디스크 환자들은 다리의 길이를 조정하여 줌으로 거의 대부분 고칠 수 있습니다. 의자에 똑바로 앉아서 다리를 쭉 뻗게 하고 복사뼈를 잡고 길이를 재 보면 금방 그 차이를 알 수 있습니다. 그러면 예수의 이름으로 창조적인 명령을 하면 치료가 됩니다.

"내가 예수의 이름으로 명령하니, 허리 디스크는 치료되며 (짧은 쪽) 다리는 자랄지어다! 통증(아픈 증세)은 사라지며, 인대와 건은 튼튼해질지어다! 눌린 신경은 이 시간에 풀리며 통증은 사라질지어다! (짧은 쪽) 다리는 자라라! 치료되어라!"

### 골반 조절 :
척추가 끝나는 부분의 큰 뼈를 천골이라고 하는데 그 뼈는 척추 전체를 지탱하고 있습니다. 이 뼈는 또한 엉덩이 즉, 인대와 건과 천장골 관절을 통하여 장골(골반의 하 부분)로 연결됩니다. 골반의 전체 부위에 치유를 베풀기 위해서는 "골반 조절"을 해야 합니다. 특히 여성들은 골반으로 인한 질병이 많습니다. 출산으로 인하여 허리의 통증이 올 때, 부인병(생리통, 자궁 탈수 등), 좌골신경통 등은 골반을 조절하여 대부분 치료가 됩니다.

골반에 손을 얹고 예수의 이름으로 창조적인 명령을 합니다. 골반의 이상은 의자에 앉아서 발의 길이를 재어 본다든지, 눕게 해서 발을 쭉 뻗어 보게 하면 한쪽 발이 짧거나 또는 한쪽으로 비뚤어져 있는 것을 볼 수 있습니다. 이러한 경우 골반에 손을 가볍게 얹고 명령 기도를 합니다.

"내가 예수의 이름으로 명령하노니, 골반 뼈는 올바로 맞추어져라! (짧은) 다리는 자라라! 눌린 신경은 살아나라! 통증은 사라져라!"

이상과 같은 경추 조절, 흉추 조절, 미추 조절 등은 팔 다리가 자라도록 명령하고 잠시 기다리면서 성령님께서 일하시는 것을 봅니다. 믿음으로 명령하고 의심하지 아니하면 반드시 여러분의 눈앞에서 팔 다리가 조절되는 것을 볼 수 있습니다. 예수의 이름으로 명령하는 것이 얼마나 위대한 능력이 있는가를 볼 수 있는 귀한 기회가 될 것입니다. 이렇게 신경 조절을 하는 가운데서도 역시 성령님께 기도하면 간혹 귀신들이 들어 있는 것을 발견합니다. 그때는 귀신을 쫓고 기도하면 즉시에 치료되는 것을 볼 수 있습니다.

내가 신학교에서 또는 세미나에서 팔 다리 조절하는 것을 가르치고 실습을 시켰더니 거의 대부분의 제자들이 이 일을 하였습니다. 여러분께서도 관심이 있으시면 언제든지 저에게 연락해 주세요. 도와드리겠습니다.

"후 앰 아이(who am I)?", "나는 누구인가?"

"나는 하나님의 동역자이다."

"내가 예수의 이름으로 명령하면 질병은 치료된다."

"나는 팔 다리가 자라도록 명령하여 수많은 사람들을 치료한다."

# 8

## 귀신을 쫓아내다

내가 어렸을 때 어머니와 함께 논에 물을 퍼 넣으려고 뒤뜰에 나가곤 했습니다. 모내기를 끝낸 논에 물을 퍼 넣어야 합니다. 당시에는 요즈음처럼 수리 시설이 잘 되어 있지 않았기 때문에 논과 논 사이에 조그마한 또랑에 고인 물을 한 바가지라도 더 퍼 넣어야 했있습니다. 어머니는 한밤중에 나를 깨워서 뒤뜰에 나가곤 했습니다.

문제는 마을 뒷산을 지나야 들판에 가는 것이었습니다. 지금 보면 아주 조그마한 뒷산이지만 그곳에는 공동묘지가 많았습니다. 한밤중에 그곳을 지나가다 보면 머리가 쭈뼛쭈뼛해지며 무서움이 엄습했습니다. 그리고 구름이 잔뜩 낀 날에는 간혹 두런두런하는 사람의 음성이 들리기도 했습니다. 아무도 없는 산속에서 사람의 소리가 들릴 리가 없었습니다. 그런데도 분명히 두런두런하는 사람의 음성이 들리는 것입니다.

그럴 때는 어머니는 큰 기침을 하며 "어흠, 어흠!" 하며 큰 소리를 치시는 것입니다. 나는 어머니의 뒤를 바짝 붙어 따라 갔었습니다.

어머니는 후에 그것이 귀신들이 수군거리는 소리라고 말씀하셨습니다. "죽은 귀신들이 감히 살아 있는 사람에게 장난을 하느냐?"고 호통을 치시기도 하셨습니다. 어머니는 담력이 크신 분이셨습니다. 세상에 무서움을 모르시는 분 같았습니다.

내가 예수를 믿은 후에 예수님은 우리에게 귀신을 쫓아내는 권세를 주셨다고 하셨습니다. 그리고 귀신은 예수님의 이름으로 명령하면 쫓겨난다고 하셨습니다.

"너희가 내 이름으로 귀신을 쫓아내며…"

그렇다면 나는 이렇게 하면 되겠구나 하는 생각이 들었습니다.
"예수의 이름으로 명령하노니, 더러운 귀신아, 떠나라! 떠나라!" 명령하면 되는 것입니다. 어렸을 때는 귀신을 무서워했지만 예수를 믿고 난 후에는 나는 귀신을 무서워하지 않았습니다.

"나는 하나님의 아들이다. 더러운 귀신아, 예수의 이름으로 명령하니 떠나가라!"

하나님의 아들인 내가 당연하게 더러운 귀신들에게 명령할 권능이 있는 것입니다. 귀신들은 언제든지 예수의 이름으로 명령하면 떠나는 것입니다.

어느 날 자동차를 운전하고 있었습니다. 그런데 산모퉁이 길을 돌자마자 갑자기 앞이 캄캄해지는 것입니다. 그리고 나도 모르게 가슴이 답답해지며 숨이 막히는 것입니다. 나는 깜짝 놀라서 브레이크를 밟고 차를 겨우 옆으로 세웠습니다. 그리고 왜 이럴까 하고 생각하였습니다.

혹시 귀신의 장난이 아닐까 하는 생각이 들었습니다. 그렇다면 간단하지 않은가? 나에게는 귀신들이 가장 싫어하며 겁을 내는 예수의 이름이 있다는 것을 깨달았습니다.
"예수의 이름으로 명령하노니 더러운 귀신들아, 떠날지어다!"

즉시에 나를 억누르던 압박감이 없어졌습니다. 가슴도 시원해지고 숨도 정상적이 되었습니다. 그리고 다시 엔진 시동을 걸었더니 아무 문제 없이 시동이 걸리는 것이었습니다. 그리고 바로 그 도로 옆에 서있는 입간판이 눈에 들어왔습니다. "사고 다발 지역"이라는 푯말이었습니다. 그곳에서 진을 치고 사고를 유발하며 사람들을 죽이려는 귀신들이 진을 치고 있던 곳입니다. 나에게 예수의 이름이 있다는 것이 얼마나 감사한 일입니까?

그 후에 자동차 사고를 당한 사람들을 위해 치유 기도를 많이 하였습니다. 나는 방언 기도를 하기 시작하면서 하나님과 대화하는 것이 습관이 되어 있었습니다. 그런데 대부분의 교통사고 후유증은 귀신들이 들어 있다는 것을 알려 주셨습니다. 그래서 그들에게서 교통사고를 유발한 귀신들을 불러서 쫓아내면 교통사고 후유증이 깨끗이 사라지는 것이었습니다.

그 외에도 귀신이 들어와서 질병을 일으키는 경우가 많이 있습니다. "언제부터 이런 증상이 있었습니까?" 하고 아픈 자에게 묻습니다. 그가 말하는 것을 참고하면서 나는 성령님께 묻습니다.

"성령님, 이 질병의 원인이 무엇입니까? 어떤 기도를 해야 합니까?" 성령님은 원인과 처방을 나에게 알려 주십니다. 신유기도를 많이 하다 보면 어떤 기도를 해야 할지 대부분이 알게 됩니다. 그러나 그때도 나는 성령님께 묻습니다. 내가 알지 못하는 어떤 것이 더 있는지 모르기 때문입니다.

귀신에 의한 질병인 경우가 가장 쉽게 병을 치유할 수 있습니다. 물론 귀신들이 아무 때나 사람들에게 들어오는 것은 아닙니다. 더구나 예수를 믿는 사람에게는 귀신이 쉽게 들어오지 못합니다. 그러나 어떤 죄를 짓는다든지, 또는 하나님에 대한 믿음을 의심할 때 귀신들이 들어올 때가 있습니다. 귀신을 쫓아내면서 "너 언제 들어왔니?" 하고 물어보면 대부분 그들이 죄를 짓고 있을 때 들어왔다고 하였습니다. 그러므로 예수를 믿는 성도들은 언제나 믿음의 방패를 가지고 있어야 합니다.

목회를 하면서 신유 기도를 하다 보면 귀신들이 들어 있는 경우가 많습니다. 성경에 나오는 거라사 지방이 광인처럼 한 사람에게 많은 귀신들이 진을 치고 있는 경우도 있습니다. 초저녁에 시작하였던 축사사역이 새벽기도회가 시작될 때까지 계속한 경우도 있었습니다.

신유 기도를 시작하면 여러 가지 증상이 나타납니다. 귀신에 의한 것이라고 판단될 때는 나를 똑바로 쳐다보라고 명령합니다. 대부분 나의 눈을 똑바로 쳐다보지 못합니다. 눈동자가 좌우로 따로 돌아가며 눈동자가 크게 확장되기도 합니다. 사악한 빛을 발하거나 소름끼치는 눈빛을 쏘아 내기도 합니다. 갑자기 포악해지기도 하고 증오심을 드러내며 발작하기도 합니다. 더러운 냄새를 갑자기 품어 내며 때로는 축사자에게 침을 뱉기도 합니다.

사람을 속이고 그 안에 몰래 들어와 있는 귀신은 쉽게 나가지 않을 때가 많습니다.
"귀신아, 예수의 이름으로 명령하니 이곳에서 나가라!" 하고 명령하면 대부분 나가면서 그 사람을 쓰러뜨리기도 하지만 안 나가고 버티는 경우도 많습니다. 또는 대들기도 합니다.
"안 간다! 안 간다!" 하고 버팁니다.
"너 누구야? 네가 누군데 나보고 나가라고 해!"

두 경우 다 걱정할 필요가 없습니다. 귀신은 "예수의 이름" 때문에 나가는 것입니다. 물리적인 힘을 사용하면 안 됩니다. 다시 한 번 크게 명령합니다.

"나사렛 예수 그리스도의 이름으로 명한다. 더러운 귀신아, 나가라!"
그리고 귀신에게 명령해도 안 나가면 아주 간단합니다. "예수의 이름, 예수의 이름, 예수의 이름…"만 외치면 그것들은 귀를 틀어막고 발악을 하게 됩니다. 그럴 때 "예수의 이름으로 나가라!" 하고 명령하면 쉽게 나갑니다.

간혹 귀신들이 속이기도 합니다.
"나 간다!" 하고 쓰러집니다. 그러나 다시 불러서 눈을 보면 귀신이 안 나간 것을 알 수 있습니다. 다시 불러내서 쫓아야 합니다. 이러한 경우는 군대 귀신이 들린 경우가 많습니다. 귀신 몇 마리는 쫓겨났지만 아직 남아 있는 귀신들이 있습니다. 다시 불러내서 쫓아야 합니다.
제주에서 온 성도가 귀신을 쫓아내 달라고 온 적이 있었습니다. 그 안에 200여 마리의 귀신들이 들어 있었습니다. 그것들을 다 쫓아내는 데 밤새도록 씨름을 한 적이 있었습니다.

그리고 축사 사역을 할 때 한 가지 주의 사항이 있습니다. 귀신들은 무저갱에 들어가기 전에는 어딘가에 들어가 있어야 합니다. 그래서 예수님께 돼지 떼 속으로라도 들어가게 해 달라고 하였습니다. 그러므로 축사 사역을 하는 동안에 아직 믿음이 없는 불신자나 초신자들이 옆에 있으면 그들 속으로 들어갑니다. 그래서 불신자나 초신자들과 함께 축사 사역을 해서는 안 됩니다. 그리고 그들을 보호해야 합니다.

귀신을 쫓을 때 사람 속에 들어 있는 귀신을 미워하지 그 사람을 미워해서는 안 됩니다. 그리고 어떤 물리적인 방법을 사용해서는 안 됩니다. 귀신은 예수의 이름의 권세로 쫓아내는 것이지 물리적인 힘으로 쫓아내는 것이 아닙니다. 귀신을 쫓아낸다고 몸 이곳 저곳을 때리는 행위를 하는 사람들이 있습니다. 그러다가 그렇지 않아도 약한 사람이 죽고 말았습니다. 그는 치사 혐의로 감옥에 들어간 경우도 있습니다.

우리는 귀신을 멸할 수 있는 권세가 없습니다. 단지 주님으로부터 쫓아낼 권세만 받았습니다. 이 세상을 심판하기 전까지는 아직 마귀의 세상입니다. 그래서 귀신들이 이 땅에 활동하는 것입니다. 몸에서 쫓겨 나간 귀신은 다시 자기가 살던 옛집으로 다시 들어오려고 합니다. 그래서 예수 이름으로 보호막을 쳐 놓아야 합니다. 그리고 피축사자에게 다시는 죄를 짓지 말라고 주의를 주어야 합니다.

"더러운 귀신아, 나가서 다시는 이곳에 들어오지 말아라! 이곳은 이미 예수님의 피로 깨끗해져 있다. 그리고 예수의 영이 이곳에 있다. 다시는 들어오지 말아라!"

귀신이 하는 일은 그들의 왕인 사탄, 곧 마귀의 일을 합니다. 사탄이라는 의미는 대적자를 말합니다. 하나님을 대적하며 사람을 대적합니다. 마귀란 말은 비방자, 이간자란 의미입니다. 사람들 앞에서 하나님을 비방하고 사람들 앞에서 하나님을 비방합니다. 그리고 이놈들이 들어오면 분리시키는 일을 합니다. 이간자이기 때문입니다.

교회가 쪼개진다든지 단체가 깨어지는 경우가 대부분입니다.

귀신의 조직을 보면 정사 귀신, 권세 귀신, 어두움의 세상 주관자들, 악한 영들이라고 합니다. 가장 강력한 귀신인 정사 귀신은 각종 사상을 만들어 인간을 미혹하고 하나님을 대적하도록 하는 집단을 만듭니다. 공산주의, 유물론, 진화론 등으로 하나님의 존재를 부인케 합니다. 또는 바리새 운동, 자유주의 신학, 교권주의 등으로 교회를 변질시키며, 전통 관습을 앞세워 우상을 섬기도록 하기도 합니다.

다음으로 권세 귀신들은 권세를 가지고 교회를 핍박하는 귀신들입니다. 헤롯, 네로, 히틀러 등… 속에 들어가서 권력으로 수많은 사람들을 괴롭히고 죽이는 일을 하는 귀신들입니다.

어두움의 세상 주관자 귀신은 술사, 점쟁이, 무당 속에 들어가서 세상 사람들을 미혹게 하고 거짓 선지자 속에 들어가서 믿는 자들을 미혹게 하는 귀신들입니다. 각종 이단을 만들어 사람을 미혹게 하는 놈도 어두움의 세상 주관자 귀신들입니다.

그리고 악한 영들은 일반적으로 사람들에게 들어가서 각종 정신 질환, 사고, 질병을 유발하고 자살 충동을 주어 자살하게 하기도 합니다.

축사 사역자들이 쫓아내는 귀신들은 이 사람들 속에 들어 있는 악한 영인 귀신들입니다. 정사 귀신, 권세 귀신, 어두움의 세상 주관자 귀신들은 개인이 대항해서 쫓아내기가 쉽지 않습니다. 전 교인들이 합심하여 기도해야 합니다.

모든 그리스도인들은 마귀를 대적하고 귀신을 쫓아내야 합니다. 이것이 성경에서 우리에게 명령한 것입니다.

"그런즉 너희는 하나님께 순복할지어다. 마귀를 대적하라, 그리하면 너희를 피하리라."(야고보서 4:7)

"끝으로 너희가 주 안에서와 그 힘의 능력으로 강건하여지고, 마귀의 간계를 능히 대적하기 위하여 하나님의 전신 갑주를 입으라. 우리의 씨름은 혈과 육을 상대하는 것이 아니요 통치자들과 권세들과 이 어둠의 세상 주관자들과 하늘에 있는 악의 영들을 상대함이라. 그러므로 하나님의 전신 갑주를 취하라 이는 악한 날에 너희가 능히 대적하고 모든 일을 행한 후에 서기 위함이라. 그런즉 서서 진리로 너희 허리 띠를 띠고 의의 호심경을 붙이고 평안의 복음이 준비한 것으로 신을 신고 모든 것 위에 믿음의 방패를 가지고 이로써 능히 악한 자의 모든 불화살을 소멸하고 구원의 투구와 성령의 검 곧 하나님의 말씀을 가지라"(에베소서 6:10-17)

마귀는 이미 심판을 받았습니다. 그러나 아직도 불법으로 이 세상의 권세를 잡고 사람들을 속이고 성도들과 하나님을 대적하고 있습니다. 마귀들은 이미 그의 운명이 결정되어 있는 것을 알고 있습니다. 무저갱을 지나 영원한 불 못에 들어가는 날만 남았습니다.

그래서 예수님은 성도들에게 귀신을 쫓아내는 권세를 주셨습니다. 확실한 믿음을 가지고 담대하게 귀신을 쫓아내야 합니다. 우리는 이미 예수 그리스도의 피로 구속받은 하나님의 자녀입니다. 그리고 우리는 하나님이신 성령님이 우리 안에 들어와 계십니다. 하나님께서 보내신 천사들이 항상 우리와 함께 있습니다. 담대한 믿음이 없으면 귀신들에게 놀림을 받을 수도 있습니다.

귀신들은 예수의 이름을 가장 두려워합니다. 그들이 죄 없는 예수를 죽였기 때문에 불법을 행했고 예수님이 부활하심으로 그들의 모든 권세는 다 깨어지고 말았던 것입니다. 담대하게 귀신들에게 명령하여 더 이상 활동하지 못하게 하며 사람들에게 들어와 있는 귀신들을 쫓아내야 합니다. 우리가 예수의 이름으로 명령하면 모든 귀신들은 반드시 쫓겨나게 되어 있습니다.

"후 앰 아이(who am I)?", "나는 누구인가?"<br>
"나는 하나님의 동역자이다."<br>
"나는 귀신을 쫓아내는 권세를 가지고 있다."<br>
"사람 몸에 들어와 병을 일으키는 더러운 귀신을 쫓아낼<br>
권세를 가지고 있다."

## 9

## 천사는 항상 나를 돕고 있다

성령을 받은 후에 내가 인도하는 성경 공부 시간에 어떤 기도를 많이 하는 여성도가 나에게 말했었습니다.

"목사님 주위에는 천사들이 많이 있어요."

내가 처음 그 말을 들었을 때 나는 속으로 웃고 말았습니다. 그러나 성경을 읽다 보니 천사들은 구원받은 하나님의 자녀들을 섬기는 존재들이라는 것을 알았습니다. (히브리서 1:14)

천사들은 영적인 존재이기 때문에 보이지 않는 곳에서 일을 합니다. 그러나 때로는 천사들이 사람의 모습으로 나타나서 도와주기도 합니다.

내가 시카고에서 LA로 오는 길이었습니다. 10년 된 마즈다 밴을 타고 4,000킬로미터를 운전하며 오는 중이었습니다. 텍사스를 지나 뉴멕시코를 지날 때 갑자기 자동차 후드에서 연기가 올라왔습니다. 나는 깜짝 놀라 자동차를 옆길에 세우고 후드를 열어 보았습니다. 자동차가 오버힛 된 모양입니다. 한 시간 정도 지난 후에 가까운 도시에 들려서 카센터에 들렀습니다.

직원은 나에게 "이 차는 일본 차라서 이곳에서는 못 고칩니다. 우리는 부품이 없어요. LA에나 가 보세요." 하는 것입니다. 그곳에서 LA까지 자동차를 끌고 갈 처지가 안 되었습니다. 거리가 1300킬로미터인데 그렇게 먼 거리를 견인하기도 힘든 일입니다.

난감해서 나는 하나님 아버지께 기도하였습니다.

"아버지 하나님, 도와주세요."

그러자 갑자기 20대의 청년이 내 앞으로 오는 것입니다. 그리고 나에게 물었습니다.

"무엇을 도와드릴까요?"

나는 자동차가 과열되어서 고치려고 왔는데 이곳에서 못 고친다고 해서 기도하고 있다고 했습니다.

그는 들고 있는 조그만 슛케이스를 열면서 "아마도 내가 그 부품이 있을 것 같습니다." 하면서 "걱정 마세요." 하는 것입니다. 조금 있다가 작은 부품을 꺼내서 자동차의 냉각장치인 라디에이터에다 그것을 바꾸어 끼었습니다.

"다 잘 되었습니다. 이제 마음껏 달리셔도 됩니다."

하는 것입니다. 나는 너무 고마워서 수리비는 얼마냐고 물었습니다.

그 젊은이는 "그냥 가세요. 별거 아닙니다." 하는 것입니다.

내가 억지로 100불을 주었더니 "이것은 5불짜리인데 100불은 받을 수 없습니다." 하면서 "그럼 20불만 받겠습니다." 하는 것이었습니다. 나는 그 청년에게 감사하다고 하면서 헤어졌습니다.

그리고 5년이 흘렀습니다.

내가 조카인 규상이와 함께 캘리포니아의 데스밸리 국립공원을 여행하고 있었습니다. 사막 한가운데 있는 데스벨리는 그 규모가 사방 150킬로미터나 되었습니다. 모래 언덕 산이 있고, 아주 커다란 분화구가 있으며 노아 홍수의 흔적이 그대로 남아 있는 곳입니다.

곳곳에 비포장도로가 되어 있고 바위와 돌멩이가 있는 자갈길을 운전하고 있었습니다. 비포장된 내리막길을 내려오다가 자동차가 밀리면서 길을 벗어나서 바위들이 들쑥날쑥 있는 곳으로 들어가고 맙니다. 다행히 자동차는 평평한 곳으로 해서 다시 도로에 들어왔습니다.

그런데 문제가 크게 발생한 것입니다. 자동차 기름 탱크가 바위에 부딪혀 깨진 것입니다. 휘발유가 도로 위에 엄청 쏟아졌습니다. 그곳은 자동차가 자주 다니는 길이 아니었습니다. 어떻게 하든지 카센터까지 운전해서 가야 합니다. 나는 기도하는 마음으로 열심히 운전하여 조그만 동네가 있는 주유소까지 겨우 갔습니다. 그곳에 도착하자 휘발유는 완전히 떨어졌습니다. 그런데 그곳에는 카센터가 없는 것입니다. 카센터까지는 200킬로미터는 더 가야 한다고 합니다. 깨어진 기름 탱크에 휘발유를 다시 넣고 달릴 수도 없었습니다.

내가 어떻게 할 수 없으면 전능하신 나의 아버지 하나님께 도움을 청할 수밖에 없습니다.

"하나님 아버지 도와주세요."

기도하고 잠깐 있었는데 한 청년이 나에게 오는 것입니다.

"무엇을 도와드릴까요?"

나는 상황을 설명하였더니 그 청년이 자기의 슛케이스를 열더니 "내가 고칠 수 있습니다." 하는 것입니다. 그러더니 납땜을 하는 조그만 기구를 꺼내면서 고치겠다고 하였습니다. 휘발유가 세고 있는데 납땜 기구를 들고 기름 탱크 밑으로 들어가는 것입니다.

나는 깜짝 놀라 "그건 위험해요. 그렇게 하지 마세요." 하면서 말렸습니다. 휘발유가 조금씩 떨어지고 있는 그 탱크 밑에서 납땜 기구에 불을 붙이는 것입니다. 그는 씨익 웃으면서 "걱정 마세요. 다 고치면 부를 테니 멀리 떨어져 있으세요." 하는 것입니다. 조금 있었더니 그가 휘파람을 부는 것입니다. 내가 갔더니 다 고쳤으니 이제 휘발유를 넣고 가시면 된다고 합니다.

나는 너무나 고마워서 그에게 돈을 지불하려고 하였습니다. 그런데 방금 있었던 그 청년이 보이지 않는 것입니다. 아무리 찾아도 그 청년은 그곳에 없었습니다. 그때에야 그 청년이 하나님께서 보내 주신 천사였다는 것을 깨달았습니다. 생각해 보니 5년 전에 뉴멕시코에서 보았던 바로 그 청년이었습니다. 나는 너무나 놀라서 "하나님 아버지, 정말 고맙습니다. 고맙습니다." 하며 감사 기도를 하였습니다.

몇 년 후에 그 마즈다 밴을 팔고 새 차를 구입하였습니다. 새 차를 산 기념으로 아내와 함께 캘리포니아의 요세미티 국립공원을 갔었습니다. 국립공원을 구경하고 돌아오는 길이었습니다.

미국은 정말 넓은 땅입니다. 시골길인데도 시속 150킬로미터를 달려도 좋은 곧은 길이 계속 됩니다. 나무가 우거진 길을 달리고 있었습니다. 그런데 갑자기 옆에서 달려오는 픽업 트럭이 나의 차를 들이받았습니다. 내 차는 붕 떠서 옆에 서 있는 나무들을 들이받고 떨어졌습니다. 내 차를 들이받은 픽업 트럭은 완전히 뒤집어졌습니다. 조금 있었더니 앰불런스가 와서 그 운전사를 싣고 갔습니다. 그리고 우리는 괜찮냐고 물었습니다.

나의 차는 뒷좌석이 완전히 구겨졌습니다. 누가 뒷좌석에 탔었다면 그는 현장에서 즉사했을 것입니다. 그런데 나와 아내는 상처 하나 입지 않고 문을 열고 나올 수가 있었습니다. 자동차에 설치되어 있는 에어백이 앞에서, 그리고 창문 옆에서 튀어나와 나와 아내를 감싸안았습니다. 나는 그 순간을 잊을 수가 없었습니다. 내가 할 수 있는 것은 오직 외마디 비명뿐이었습니다.
"주여!"
그런데 마침 커다란 손길이 나의 차를 붕 떠서 안전하게 내려놓는 것을 느낄 수가 있었습니다. 그리고 커다란 팔로 나와 아내를 감싸안은 것을 느낄 수가 있었습니다.

일주일 전에 새로 샀던 자동차는 완전히 폐차가 되었지만 그 사고를 통해서 하나님 아버지께서는 천사를 통해서 나와 아내의 생명을 지켜 주신 것을 깨달았습니다. 하나님께서는 때로는 천사를 우리가 알 수 있도록 사람으로 보내 주시기도 하지만 보이지 않은 천사를 통해서 항상 우리를 지켜 주신 것을 깨달았습니다.

> "모든 천사들은 섬기는 영으로서 구원 받을 상속자들을
> 위하여 섬기라고 보내심이 아니냐"(히브리서 1:14)

하나님의 자녀들 옆에는 항상 천사들이 함께 있습니다. 천사는 하나님의 자녀들을 도우라고 하나님께서 우리에게 보내 주신 존재들입니다. 우리가 알게 또는 모르게 천사들의 도움을 받고 있다는 것을 알아야 합니다. 그러나 대부분 우리는 그것을 모르고 있습니다. 그리고 그것을 기적이라고 생각하기도 합니다. 모든 기적은 천사들이 우리를 도운 결과입니다.

우리가 기도할 때 기도의 응답은 천사들을 통해서 온다는 사실도 알아야 합니다. 요한계시록에 보면 우리의 기도가 어떠한 과정으로 하나님께 전달되는지 알려 줍니다. 우리의 기도는 천사가 받아서 하나님께 올려드린다고 합니다. (요한계시록 8:4) 또한 기도의 응답도 천사를 통해서 우리에게 전달됩니다.

천사는 여러분 옆에 항상 있습니다. 그리고 여러분을 도와주고 있습니다. 하나님을 대적하는 악한 사탄의 세력이 아무리 강하다고 할지라도 하나님의 군대인 천사는 여러분 옆에서 지켜 주고 있다는 것을 알아야 합니다. 그래서 귀신을 대적할 때도 내가 예수 이름으로 명령하면 천사가 그 귀신들을 쫓아냅니다. 그러므로 우리는 담대

하게 주의 사역을 감당할 수가 있습니다.

"후 앰 아이(who am I)?", "나는 누구인가?"
"나는 하나님의 아들이다."
"나는 하나님의 동역자이다."
"천사가 항상 내 옆에서 나를 보호하고 나를 지켜 준다."

## 10

# 단기 선교 보고

2021년 9월 29일에서 10월 6일까지 김정우 전도사님과 함께 페루에 단기 선교를 다녀왔습니다. 팬데믹이 심한 페루 지역에 교회가 완공되어 헌당예배를 인도하고 인근 지역을 둘러볼 목적이었습니다. 페루의 수도 리마에서 9월 30일에 버스를 타고 안델스 산맥을 하루 종일 넘어 헌당예배를 드릴 완따(Hwanta)라는 곳으로 갔습니다.

10월 2일에 완따 지역에서 주님의 은혜 가운데 헌당예배를 드렸습니다. 10월 3일 주일 예배를 드린 후에 산에서 흐르는 시냇물에서 침례식을 하고 오후에는 성찬식을 하였습니다. 10월 4일 월요일 아침 일찍 비행기를 타고 수도인 리마로 돌아와서 2년 전에 내가 헌금하여 헌당예배를 드렸던 말라교회를 방문하였습니다. 그 지역은 페루에서도 코비드가 가장 창궐한 지역이어서 최근까지도 통행 자체가 금지되었는데 지난달부터 통행은 허락되었지만 아직 예배를 못 드리고 있었습니다. 그 지역에서만 수천 명이 죽었다고 합니다. 교회당 옆집도 전 가족이 죽어서 대문을 걸어 잠가 놓고 통행을 못하게 하는 것을 보았습니다. 담임 목사만 만나서 기도를 해 주고 돌아왔습니다.

페루는 코비드 PCR 검사가 필수입니다. PCR 검사를 하지 않은 사람은 페루 공항에서 입국을 금지시킵니다. 그리고 미국에 재입국할 때도 PCR 검사를 해야 합니다. 다행히도 일주일을 체류했는데 검사 결과가 음성으로 나와서 무사히 귀국했습니다.

그리고 4일 밤늦게 리마에 있는 한 교회당을 방문했습니다. 이곳은 박윤수 선교사님이 페루에 처음 선교사로 왔을 때 선교지원을 못 받고 있었습니다. 그는 택시 운전을 하고 사모님은 만두를 팔면서 선교도 하며 첫 번째 교회당을 지었습니다. 이렇게 박 선교사님은 선교를 하면서 교회당을 계속 지어 가고 있었습니다. 첫 번째 지은 교회는 만두를 팔아서 지었다고 만두교회라고 합니다. 그리고 두 번째 교회는 김치를 팔아서 지었다고 김치교회라고 합니다. 그 교회당들도 제자들이 담임 목사로 임명되어 열심히 목회를 하면서 새로 개척되는 교회를 지원할 뿐만 아니라 박 선교사님을 매달 후원하고 있다고 합니다.

우리가 이번에 방문하여 헌당예배를 드린 곳은 우리말로 하면 강원도 산골짜기 같은 완따라는 지역입니다. 인구는 약 4만 명이 살고 있고 주위에 중소도시들이 퍼져 있습니다. 페루 수도 리마에서 버스를 타고 10시간 만에 안델스 산맥(해발 5천 미터)를 넘어 아야쿠초에 도착하여 택시를 타고 산길을 한 시간 반 내려간 완따라는 소도시(3000미터 고산지역)였습니다. 그런데 이곳의 성도들은 새 성전이 지어져서 감격하면서 눈물을 흘리는 모습을 보았습니다. 그들은 통성기도를 하며 춤을 추면서 기쁘게 찬양을 하는 모습에 함께 참석한 저희들도 감격하였습니다.

헌당예배, 성찬식, 침례식 등을 하며 토요일, 주일을 바쁘게 지냈습니다. 새로 지어진 완따교회는 금요일부터 주일까지 예배를 끝이지 않고 계속 드린다고 합니다. 교회에서는 그들에게 먹을 것을 제공합니다. 온 동네 사람들이 다 모여서 축하 파티를 하는 것 같았습니다.

박윤수 선교사님이 이곳 페루에 들어가서 전도를 하고 교회를 세운 후 은혜교회 선교팀들과 다른 단기선교 팀들이 이곳을 방문한 후에 교회가 급성장하였습니다. 페루 곳곳이 교회당이 필수적으로 필요합니다. 그들은 지역별로 가정교회를 만들어 곳곳에서 예배를 드립니다. 그들은 야외에서 임시 막사를 지어 4, 50명이 예배를 드리고 있습니다. 교회당만 세워지면 300명은 금방 모이게 됩니다. 은혜교회에서 귀하게 사역하시고 계신 김정우 전도사님이 헌금하여 이번에 교회가 완공된 것입니다.

완따 지역 인근에 가정교회 형식으로 7곳이 있는데 그 곳도 4, 50명들이 임시 막사를 만들어 예배를 드리고 있는 몇 군데를 방문하였습니다. 교회당만 세워지면 그곳도 100여 명의 교회가 든든히 세워지게 됩니다.

페루는 안델스 산맥이 동서로 갈라놓은 넓은 지역입니다. 면적은 한반도의 약 6배나 큰 나라이며, 서쪽은 태평양이 있어 바닷가 지역인데 비가 오지 않아서 거의 풀 한 포기 나지 않은 사막이며, 중간에 안델스 산맥이 있고 산 너머 동쪽에는 아마존 부족이 살고 있습니다. 공통어로 스페인어를 사용하고 있지만 원주민들은 지금도 캐추아어를 사용합니다. 그래서 제가 설교를 하면 선교사님이 스페인어로, 담임목사가 캐추아어로 통역합니다. 성경 찬송도 캐추아어로 하는 지역입니다. 그 지역을 조금 더 내려가면 완전 밀림 지역인 아마존 지역입니다. 부족마다 다른 언어를 사용하고 있습니다.

우리 선교사님은 그곳 아마존에도 들어가셔서 계속 복음을 전하고 교회를 세워 가고 있습니다. 이런 곳에도 반드시 교회당이 건축되어야 합니다. 이런 귀한 분이 우리 교단에서 목사 안수를 받고 선교사로 헌신하는 것을 보며 얼마나 자랑스러우며 감사한 줄 모르겠습니다.

내가 3년 전에 해발 3,500미터에 있는 쿠스코 지역을 방문하였는데 그때 고산병으로 고생한 적이 있었습니다. 그런데 이번에도 안델스 산맥을 넘어오면서 고산병 증세가 시작되어 완따에서는 조금 힘들었습니다. 금, 토, 일요일을 완따에서 보내고 월요일에 비행기를 타고 리마로 돌아왔더니 씻은 듯이 사라졌습니다.

10월 5일에는 수도 리마에서 5시간 범위 내에 세워져 있는 다른 교회들을 몇 군데 돌아보고, 다른 귀하신 분들이 선교지 교회 건축 헌금을 해 주셔서 리마 근교에 새롭게 세워지고 있는 교회당들을 방문하여 진척 사항도 직접 보고 축복 기도를 하였습니다. 완전 미전도 지역인 이곳에 교회가 세워지고 제자화가 되어 가며 복음의 전초 기지가 이루어져 가는 것을 보면서 주님이 마지막 박차를 가하는 것을 느낄 수 있었습니다.

이곳 페루는 변질된 천주교가 주류를 이루고 우상을 섬기는 완전 미전도 지역입니다. 이곳에 복음이 들어가서 교회가 세워져 가며 교회당을 중심으로 선교가 이루어져 가는 것을 볼 때 얼마나 감격적인지 모릅니다. 이런 곳이 한두 곳이 아닙니다. 이미 박윤수 선교사님이 지으신 교회당이 이번에 32곳이 되었고, 앞으로도 임시 막사에서 모여서 예배를 드리는 그곳에 교회당 건축을 놓고 간절히 기도하는 곳이 100여 군데나 됩니다.

페루는 남미에서 못사는 나라는 아닙니다. 그들이 우리나라 육이오 전쟁 때 물질적으로 도움을 주었던 나라입니다. 페루 수도 리마는 태평양 바닷가에 세워져서 전 국민의 30%가 이곳에 살고 있습니다. 그곳은 부자들이 살고 있으며 미국보다 오히려 사치스럽게 지내기도 합니다.

그러나 그들 일반 백성들은 하루 일당이 1불 정도입니다. 그들 스스로 교회당을 건축하기에는 어려운 형편입니다. 그래서 우리 선교사님들이 건축헌금을 보내 주어야 교회당을 건축할 수 있습니다. 교회당이 건축되면 그 지역에 유일한 모임 장소가 됩니다. 더구나 남미 지역은 선교하기에 너무나 좋은 지역입니다. 18세기에 스페인이 남미를 정복한 후 가톨릭 국가가 되었습니다. 그래서 복음에 대해서 거부하지 않습니다. 그러나 가톨릭이 현지에서 우상화가 되어 있어서 그들은 다 미전도 종족이 되어 있습니다.

주님 다시 오실 날이 멀지 않았습니다. 주님은 우리 모든 믿는 성도들에게 지상 명령을 주셨습니다. 교회에서 열심히 봉사하며 많은 사람들을 섬기는 일도 중요하지만 가장 중요한 일은 영혼 구원하는 일입니다. 바로 주님의 지상명령을 수행하는 것입니다. 누구나 땅끝까지 나가서 복음을 전할 수는 없습니다. 그래서 교회에서는 선교사님들을 파송합니다. 선교사님들은 우리가 가야 할 그곳으로 나가서 복음을 전하고 있습니다. 선교사님들을 적극적으로 도웁시다.

미전도 지역에 교회당을 건축하는 일은 엄청 중요합니다. 제가 주로 다니는 남미 지역은 모든 나라가 경제적으로 열악합니다. 쿠바는 공무원 월급이 한 달에 30불밖에 안됩니다. 남미 대부분의 지역은 일반 백성들은 하루 일당이 1불 수준입니다. 그들 자체적으로는 교회당 건축이 힘듭니다. 그러나 교회당이 지어지면 그 지역 일대가 복음화가 됩니다. 여러분이 한 교회당을 건축한다면 최소한 수백 명의 영혼을 구원한 것이 됩니다.

주님이 기뻐하시는 선교에 우리 모두 동참합시다. 개인적으로도 교회당을 건축할 수도 있습니다. 제가 소개하여 교회당을 건축한 분들이 많이 계십니다. 엘에이에서 노인 아파트에 거주하시며 그동안 모아 두었던 돈을 헌금하셔서 교회당 건축을 하신 분이 여러분 계십니다. 또는 여전도회에서 남전도회에서 교회당을 건축한 경우도 많이 있습니다. 우리가 마음만 먹으면 얼마든지 한 교회당을 세울 수 있고 그 지역을 복음화시킵니다. 우리 모두 선교에 동참합시다.

"후 앰 아이(who am I)?", "나는 누구인가?"
"나는 하나님의 동역자이다."
"나는 한 지역을 복음화하는 선교사이다."
"나는 주님의 교회를 이 세상에 반드시 하나 이상 건축할 것이다."

## 11

## 대한민국을 선교의 국가로 세우셨다

불교와 유교를 숭상했던 한반도는 외적의 침입을 수백 차례 받고 조공을 바쳐야 했습니다. 이것이 험난한 5000년 한민족의 역사였습니다. 이 땅에 복음이 들어오면서 새 시대가 열렸습니다. 선교사들은 이 땅에서 학교와 병원을 건립하고 고아원을 세워 사람을 키웠습니다. 기독교가 차츰 뿌리를 내리면서 지도자들이 배출되기 시작했습니다.

대표적인 인물이 이승만 초대 대통령입니다. 그는 1894년 아펜젤러 선교사가 세운 배재학당에서 기독교를 접했습니다. 이승만 젊은이는 미국식 민주주의를 하자고 주장하다가 역적으로 몰려 한성감옥에 투옥됐습니다. 감옥에서 성경을 보다가 하나님을 만났습니다.

그가 전도에 열심을 낸 이유가 있었습니다. 고려는 불교를 믿었고, 조선은 유교를 믿었지만, 소망 없음을 알았기 때문입니다. 그래서 기독교 신앙의 토대 위에 국가를 세우고 싶어 했습니다. 그가 좋아했던 성경 말씀이 "주의 나라는 영원한 나라이니 주의 통치는 대대에 이르리이다"(시편 145:13)입니다.

그는 국가 위기를 해결하기 위해 미국에 갔다가 당시 세계 최고 명문인 조지워싱턴대학과 하버드대학, 프린스턴대학에서 국제법을 공부하고 정치학 박사학위를 받았습니다.

대한민국이 그냥 세워진 나라가 아닙니다. 기독교에 생명을 걸고 하나님께 소망을 뒀던 인물이 초대 대통령이었던 나라입니다. 그는 대통령이 된 후 제헌국회가 열리는 날 이윤영 의원을 불러 대표 기도를 부탁했습니다. 당시 기독교인은 1%였지만 모두가 기립해 기도했고 아멘으로 화답했습니다.

그는 대통령이 된 후 100만 명 전도를 목표로 잡았다고 합니다. 그래서 원목, 교목, 군목 등을 두고 국민들이 모두 예수를 믿도록 배려했습니다. 그가 그토록 전도에 생명을 건 것은 예수 믿는 사람이 100만 명만 되어도 대영제국이던 영국만큼 잘 살 수 있다고 믿었기 때문이었습니다. 이스라엘은 다윗이 나라의 기초를 놓았다면 대한민국은 이승만 대통령과 기독교인들이 기초를 놓은 것입니다.

"하나님이 보우하사 우리나라 만세!" 애국가는 전 국민이 하나님께 감사하는 노래입니다. 하나님께서는 우리나라를 축복하셔서, 세계에서 가장 가난한 나라였던 대한민국을 지금 세계에서 6번째로 잘 사는 나라가 되었습니다.

우리나라를 구해 주기 위해 수많은 군인을 보내 주고 물자를 보내 주어 육이오의 참변에서 회복되도록 도와주었던 국가에 보답해야 합니다. 수많은 선교사님들께도 감사해야 하지만 하나님의 은혜에 보답해야 합니다.

현재 지구상에서 선교사를 파송하는 나라로 미국이 1위요, 2위가 한국입니다. 인구 대비로 따지면 한국이 세계 곳곳에 선교사를 파송하는 나라 1위입니다. 하나님께서 우리를 축복하셔서 물질의 축복을 주셨습니다. 또한 한류 열풍을 불게 하셔서 전 세계가 한국을 너무나 좋아하게 하였습니다. 이름도 없었던 동방의 조그만 나라 대한민국이 지금은 전 세계 모르는 사람이 없는 나라가 되었습니다. K팝이 빌보드 차트 1위를 했습니다. 코리아의 이름으로 전 세계 어디를 가든지 환영합니다. 지금이야말로 선교하기에 너무 좋은 기회입니다.

미국까지 위협하는 대한민국의 저력은 반도체도, LCD도, 造船(조선) 분야도 아닙니다. 바로 '할렐루야'를 외치며 세계로 뻗어나가는 대한민국 기독교 선교의 성적입니다. 전체 선교사 수 2만여 명, 세계 10대 교회의 과반수가 한국 교회입니다. 개신교를 이끄는 양대 산맥인 세계복음주의연맹(WEA)과 세계교회협의회(WCC)도 한국이 주도하고 있습니다. 푸른 눈의 서양 선교사에게 원조를 받던 나라가 세계 200여 개 국가에 선교사를 파송하는 나라로 바뀌었습니다. 한국에 본격적인 선교운동이 일어난 지 30년이 채 되지 않은 상황에서 벌어진 일입니다.

전 세계가 한국 기독교의 성장세에 주목하고 있지만, 정작 국내에선 기독교인들도 이런 '놀라운 성장'에 대해 잘 모르고 있습니다. 2022년 한국 선교사 현황은 169개국을 대상으로 한국 국적 선교사 22,204명의 장기 선교사와 482명의 단기 선교사 및 한국 선교단체가 파송한 타 국적 국제 선교사가 910명이 활동하고 있다고 보고합니다.

국내 대부분의 교회는 교회 내에 국내 또는 해외 선교국을 따로 두고 장단기 선교 활동을 관리합니다. 78만 명의 신도 수로 기네스북에도 오른 여의도순복음교회(담임 목사 이영훈)는 64개국에 718명의 선교사를 파송했습니다. 명성교회(담임 목사 김삼환)는 55개국에 195명, 사랑의교회(담임 목사 오정현)는 40개국에 153명의 선교사 가정을 파송했습니다. 해외에서 가장 많은 선교사를 파송한 교회는 미국 은혜한인교회(담임 목사 한기홍)로서 60개국에 327명의 선교사를 파송했습니다. 그리고 이들이 세운 선교지 교회는 9,000여 개가 넘습니다.

사랑하는 대한민국 동포 여러분, 여러분은 너무나 잘 살고 있습니다. 전 세계에서 한국처럼 잘 사는 나라는 없습니다. 제가 한국을 떠난 지 45년 되었습니다. 그동안 한국은 너무나 발전되었습니다. 제가 기억했던 시골에서 농사짓는 모습은 완전히 바뀌었습니다. 전국적으로 도로는 얼마나 잘 되어 있는지 운전을 해 보면서 깜짝 놀랐습니다. 미국의 고속도로보다 더 잘 되어 있습니다. 제가 지금 전남

신안군 암태도에서 살고 있는데 당일 중으로 서울에 올라가서 일 보고 돌아오기도 합니다. 옛날에는 서울에서 암태도까지 오는 데도 하루 종일 걸렸는데 이제 전국이 정말로 일일 생활권이 되었습니다.

시골까지 화장실은 얼마나 깨끗하게 잘 되어 있는지요? 미국에서도 상상하지 못한 비데가 한국의 가정에 거의 설치되어 있습니다. 서울의 지하철은 얼마나 편리하게 잘 되어 있는지 모릅니다. 제가 전 세계를 다니면서 지하철을 타 보았지만, 한국처럼 시스템이 잘 되어 있고 편리하고 깨끗한 지하철은 없었습니다. 또한 지하철과 버스의 환승제도로 어디를 가든지 대중교통으로 다니는 데 불편이 없습니다. 겨울에는 기다리는 대기실에 온돌이 설치되어 있고, 여름철에는 지하철 버스에 에어컨이 설치되어 있습니다. 제가 일본, 미국, 유럽을 많이 다녀 보았지만 한국처럼 모든 시설이 잘 되어 있고 편리하고 안전한 곳은 없었습니다.

우리나라가 어떻게 해서 이렇게 잘 사는 나라가 되었는지 아십니까? 전 국민이 "하나님이 보우하사 우리나라 만세!"를 외쳤기 때문입니다. 미국이 왜 잘 사는 나라가 된지 아십니까? 전 국민이 "하나님 미국을 축복하옵소서! God bless America!"를 외쳤기 때문입니다.

우리는 하나님의 은혜에 정말로 감사해야 합니다. 그리고 지금도 세계 곳곳에 헐벗고 가난한 사람들이 살고 있다는 것을 잊어서는 안 됩니다. 지금 전쟁 중인 우크라이나를 저는 9번 이상 다녔습니다.

그들은 지금도 미사일이 떨어지는 곳에서 먹을 것도 해결하지 못하고 있습니다. 지금 전 세계 인구 중 하루 일당이 1불도 못되는 사람들이 50%가 넘습니다.

그런 곳에 우리 선교사님들이 복음을 들고 들어갔습니다. 그리고 아직도 미전도 종족이 40% 이상이라고 합니다. 선교사님들은 주로 대도시를 거점으로 선교합니다. 그러나 그들의 현지 제자들은 산간 오지 정글로 들어가서 복음을 전합니다. 그들에게 월 100불만 보내도 그들의 사역비가 충분합니다. 그리고 오지에 교회를 개척해서 세워야 합니다. 그들은 교회 건축비가 없습니다. 선교사님을 통해서 그들에게 교회당 건축비를 보내보세요. 교회가 세워지면 미전도지역이 복음화됩니다. 한 명을 전도하기가 얼마나 어려운지 해 보신 분은 압니다. 그러나 미전도지역에 교회가 세워지면 수백 명이 예수를 믿고 구원을 받게 됩니다.

한국이나 미국에서 교회당을 건축하려면 수십억이 들어갑니다. 그러나 미전도지역에 교회당을 건축하려면 수만 불이면 충분히 가능합니다. 여러분이 매일 마시는 커피 값만 10년을 아끼면 가능합니다. 여러분도 한번 목표를 정해 보세요. "나는 최소한 한 명의 현지 선교사를 돕겠다. 내 평생 주의 몸 된 교회당을 하나 이상 세우겠다." 목표를 정하기만 하면 여러분은 충분히 미전도지역에 교회당을 하나 이상 건축할 수 있습니다. 혼자 하기가 힘들면 가족이, 전도회가, 교회가 뜻을 합하면 얼마든지 가능합니다.

"후 앰 아이(who am I)?", "나는 누구인가?"

"나는 하나님의 동역자이다."

"대한민국이 잘 사는 나라가 되어 감사하다."

"나는 대한민국을 선교하는 나라로 만들겠다."

## 12

## 나는 교단 상임 총무였다

우리가 소속한 교단은 대한예수교 장로회 보수합동총회 미주노회였습니다. 그러다가 미주노회에서 파송된 선교사들이 전 세계적으로 9,000여 교회를 설립하여 노회로 관리하기가 힘들어 한국 총회 본부와 상의하여 우리가 국제총회로 독립하기로 하였습니다.

이제 각 지역별로 노회가 세워지게 되었습니다. 미주 노회, 남미 노회, 러시아 노회, 유럽 노회, 아프리카 노회, 한국 노회, 아시아 노회 등으로 구분하여 설립하게 된 것입니다. 김광신 목사님께서 총회장이 되시고 나는 상임 총무로 총회의 모든 일을 맡아서 처리하게 되었습니다.

나는 각 노회가 필요한 것이 무엇일까 항상 생각하며, 지역별 신학교를 만들고 그들이 필요한 것을 공급하기로 했습니다. 선교지에서 목회하다가 들어오는 선교사님들에게 가장 시급한 것은 컴퓨터에 대한 기초 지식이었습니다. 컴퓨터는 하루가 다르게 발전되어 가는데 선교지에서는 아직 컴퓨터의 공급도 어려웠고 그에 대한 지식도 없었습니다. 그래서 제가 그들에게 컴퓨터를 가르치기 시작했습니다. 나름대로 선교지에서 필요한 컴퓨터 강의 책자를 만들어 그들에게 나눠 주고 선교지에서도 혼자 컴퓨터를 할 수 있도록 가르쳤습니다.

또한 인터넷은 얼마나 빨리 발전되어 가고 있는데 대부분의 선교지에서는 아직 인터넷이 들어오지도 않은 곳이 많았습니다. 300여 명의 선교사가 총회에 들릴 때마다 그들에게 인터넷, 컴퓨터의 기초 상식을 가르치는 것도 쉬운 일이 아닙니다. 그들은 몇 년 만에 한 번씩 들어오지만 나는 거의 매일 들어오는 선교사들을 맞이해야 합니다.

그리고 그들에게 목회에 필요한 자료를 공급하는 일도 제가 하였습니다. 그들이 처음에는 김광신 목사님이 가르쳤던 성경공부 테이프를 가지고 떠났습니다. 거의 모든 선교사들은 녹음테이프를 두 개의 가방에 가득 넣고 떠났습니다. 그러나 카세트테이프가 CD로 바뀌었습니다. 그리고 MP3라는 편리한 압축 CD가 나왔습니다. 나는 김광신 목사님의 성경 공부 테이프를, 그리고 목회 자료들을 MP3로 만들어서 그들에게 공급했습니다.

잠깐 사이에 스마트폰이 나오기 시작했습니다. 스마트폰 공부도 그들에게 가르쳐야 했습니다. 또한 파워 프로젝터가 나왔습니다. 목회에 얼마나 유용한 도구인지 모릅니다. 컴퓨터 프로그램, 각종 컴퓨터 유사 기계들을 구입하려면 돈이 필요합니다. 본부에서 해야 할

일 중에 하나가 그것들을 선교지 현지에 공급하는 일도 제가 해야 할 사역이었습니다.

그리고 기관 목회를 하다 보면 규칙이 필요합니다. 우리 총회는 대한예수교 장로회 국제 총회입니다. 우리는 칼빈주의 개혁 신학과 웨스트민스터 신앙고백을 따르고 대의 민주주의 교회 정치와 당회, 노회, 총회로 이어지는 대의적 질서에 따라 교회를 운영하는 교단입니다. 그래서 한국 총회와 협의하여 우리 국체총회 헌법도 제가 만들었습니다. 그리고 각 노회의 운영 방안, 노회 규칙 등도 만들어 그들에게 가르쳐야 했습니다. 그리고 교회 규칙도 만들어야 했습니다. 교회 운영 방안도 가르쳐야 했습니다. 선교지 현지 사정이 다 다르기 때문에 노회를, 그리고 교회를 법적으로 등록시키는 일도 도와주어야 했습니다.

김광신 목사님의 목회 철학도 선교가 가장 우선이었습니다. 모든 개 교회는 선교를 위해 존재합니다. 선교사들이 최전방에 나가 싸우는 영적 전사들입니다. 그들을 돕는 것이 노회가 할 일이요, 총회가 할 일이라고 하였습니다. 그래서 총회가 그들을 통제하는 것이 아니라 그들을 돕는 것이 사명이라고 하였습니다. 그래서 노회를 할 때도, 총회를 할 때도 현지 선교사들에게 도움이 되는 것이 무엇일까를 우선적으로 생각하였습니다. 한국 교회들은 노회나 총회를 할 때 보면 회의를 하는 데 시간을 다 보냅니다. 그러나 우리 교단은 모든 결정 사항은 임원들에게 위임하고 총회가 끝날 때 결정 사항을 발표하여 통과시킵니다. 노회나 총회 기간 동안에는 현지 목회자들에게 필요한 강의나 유익한 정보를 나누는 데 시간을 보냅니다.

그리고 우리 교단은 국제총회입니다. 전 세계적으로 퍼져 있습니다. 그들이 노회를 할 때도 총회를 할 때도 비행기를 타고 와야 합니다. 또한 우리가 하나가 되어 일을 해 나가기 위해서는 각 노회의 사정을 알아야 합니다. 그래서 총회를 할 때는 본부가 있는 미국에서만 할 것이 아니라 각 지역에서 하는 것이 보다 현지를 알고 공감하는 것이기 때문에 노회 지역을 돌아가면서 하는 것이 좋다고 생각했습니다. 유럽에서 총회를 두 번 했습니다. 러시아에서 총회를 두 번 했습니다. 한국에서도 총회를 하였습니다. 남미에서도 총회를 하였습니다. 그 덕분에 우리 모든 총회원들이 선교 현지를 방문하고 그들을 위해서 기도하며 지원하는 것이 자연스럽게 이루어진 것입니다.

그리고 모든 목회자들은 성경을 가르치는 사람들입니다. 성경을 제대로 깨닫기 위해서는 성지 순례를 필수적으로 다녀와야 합니다. 예수님이 사역하셨던 현장을 방문한 후에 성경을 보는 것과 그냥 막연하게 상상하며 성경을 읽은 것은 엄청난 차이가 있습니다. 나는 성지순례를 몇 번 다녀왔었습니다. 그래서 우리 모든 총회원들이 예루살렘에서 총회를 하면 너무 좋겠다는 생각을 하고 있었으며 이를 놓고 기도하였습니다. 기도를 하면 이루어집니다.

드디어 하나님께서는 이스라엘에서 우리 총회를 하도록 허락하신 것입니다. 세계에 흩어져 있는 모든 선교사님들과 목회자들 450명이 함께 이스라엘로 모였습니다. 베들레헴에 숙소를 정하고 이스라엘 성지순례를 하였습니다. 한꺼번에 움직일 수가 없어서 5개조로 나누어 팀을 조직하였습니다. 갈릴리 호수를 비롯하여 가버나움, 나사렛, 가이샤라 빌립보를 돌아보고, 예루살렘을 중심으로 감람산, 겟세마네 동산, 승천교회, 통곡의 벽, 비아둘루로사, 베드로 통곡교회, 골고다 성묘교회를 돌아보고, 사해 바다를 중심으로 길갈, 여리고, 고모라, 소금기둥, 엔게디를 지나서 이집트로 갔습니다. 이집트의 예수님 피난교회를 비롯하여 피라미드, 스핑크스를 돌아보고, 돌아오는 길에 시내산에 올라가서 십계명을 받았던 곳을 보고 불타는 떨기나무 교회를 돌아보고, 페트라를 지나서 암만으로 돌아오는 코스를 8박 9일 동안 돌아보는 코스였습니다. 가능하면 성경에 나오는 모든 지역을 다 돌아보기를 원했습니다. 비행기 표는 각 지역에서 이스라엘의 텔아비브 또는 요르단의 암만으로 와서 베들레헴으로 모이기로 하였습니다.

그리고 참가자들은 1인당 1000불을 받고 모든 경비는 총회가 담당하기로 하였습니다. 많은 분들이 헌금도 하고 헌신하여 우리 총회가 이스라엘 성지순례를 할 수 있도록 도와주었습니다. 일반적으로 생각하기는 그러한 성지 순례를 한다는 것은 거의 불가능해 보였습니다. 그러나 주님은 언제든지 '할 수 있거든이 무슨 말이냐 믿는 자에게는 불가능이 없다'고 하셨습니다.

주님의 일은 주님이 하십니다. 다만 누군가가 주님의 명령에 따라 순종해야 합니다. 선교하는 일도, 목회하는 일도 주님이 하십니다. 다만 우리는 주님께 쓰임받는 것뿐입니다.

"후 앰 아이(who am I)?", "나는 누구인가?"
"나는 하나님의 동역자이다."
"나는 맡은 일을 최선을 다한다."
"주님의 일은 주님이 하신다."

―― 3부 ――

# 하나님의 경륜과 나의 믿음

앞으로 세상은 하나님의 경륜대로 이루어질 것입니다. 하나님은 그 종들에게 미리 알려 주시고 하나님의 뜻을 이루십니다. 머지않아 예수님은 재림하실 것입니다. 초림의 예수님은 우리를 구원하러 오셨습니다. 그러나 재림의 예수님은 세상을 심판하러 오십니다. 예수님이 재림하심으로 이 세상의 역사는 끝이 납니다. 그러면 우리는 어떻게 살아야 할까요?

여러분은 여러분의 믿음대로 여러분의 미래가 결정됩니다. 나의 미래는 나의 믿음대로 됩니다. 아직 이루어지지 않는 나의 믿음을 공개하는 이유는 내 믿음을 하나님께 보이는 것이요, 나는 앞으로 나의 믿음대로 살아갈 것이기 때문입니다.

# 1

## 하나님의 경륜

경륜이란 말은 통상적으로 우리 귀에 익숙한 단어가 아닙니다. 영어로는 Time Schedule, 즉 시간 계획표라는 말입니다. 천지 창조와 하나님의 경륜은 하나님께서 어떤 뜻을 이루시기 위해서 천지창조를 하시고 수많은 사건을 계획하시고 이루셨다는 말입니다. 이렇게 하나님께서 계획하시고 이루셨던 수많은 사건들의 내용이 성경 전체의 내용입니다. 성경의 전체 내용은 하나님께서 계획하신 시간표에 따라 하나님의 목표를 이루시는 것입니다. 어떤 것도 우연이란 없습니다.

먼저 하나님께서 이루시기 원하시는 뜻은 무엇일까요? 그것은 성경 맨 마지막에 기록되어 있습니다.

"주 예수의 은혜가 모든 자들에게 있을지어다 아멘" (요한계시록 22:21)

세상 모든 사람들이 예수를 믿어 하나님의 자녀가 되는 것이 하나님의 간절한 뜻입니다 이 일을 이루시기 위해서 하나님께서는 천지창조를 하셨던 것입니다.

이것을 간단하게 생각해 봅시다. 먼저 사람이 하나님의 자녀가 되기 위해서는 하나님과 똑 닮은 사람이 있어야 합니다. 하나님께서는 모든 동물을 말씀 한마디로 만드셨지만 사람을 만드실 때는 직접 손으로 빚으셔서 만드시고 그 안에 하나님의 영을 넣어 주셨습니다. 그래서 사람은 처음부터 영적인 존재가 되었습니다.

사람이 세상에 살기 위해서는 이 세상이 필요합니다. 그래서 사람을 만들기 이전에 이 세상을 만드셨습니다. 이 세상의 모든 삼라만상이 사람들이 살아가는 데 필요하기 때문입니다. 낮과 밤을 만드시고, 바다와 육지를 만드시고, 식물과 물고기, 새와 짐승을 만드셨습니다. 하늘의 해와 달과 별들을 만드셨습니다. 여기서의 주인공은 당연히 사람입니다. 그래서 사람에게 권능을 주셔서 이 모든 것을 다스리도록 하셨습니다. 그리고 수많은 자녀들을 낳아서 땅에 충만하도록 하셨습니다.

사람은 처음부터 영적인 존재입니다. 영적인 존재는 하나님과 천사와 사람입니다. 영적인 존재는 영원히 살게 되어 있습니다. 이 영적인 존재가 살아가는 방법은 하나님의 말씀을 먹고 살아야 합니다. 하나님의 말씀을 먹는다는 뜻은 하나님께서 명령하신 것을 순종하는 것을 뜻합니다. 그래서 아담과 이브에게 준 명령은 오직 한 가지,

동산 중앙에 한 나무를 지적하시고 이 나무의 실과는 먹지 말라고 명령하셨습니다. 이 말씀을 지켜 살았다면 아름다운 동산 에덴에서 하나님과 함께 지금까지 살았을 것입니다.

그런데 첫 사람 아담이 죄를 지었습니다. 죄란 하나님의 명령에 순종하지 않고 불순종하였다는 말입니다. 에덴동산에 뱀으로 가장한 사탄이 나타났습니다. 그리고 이브가 그 사탄의 유혹에 넘어가서 하나님의 말씀을 어기고 먹지 말라는 선악과를 먹고 말았습니다. 그리고 남편인 아담에게도 주어 그도 먹었습니다.

죄를 지은 인간은 거룩하신 하나님과 함께 살 수가 없었습니다. 그래서 에덴동산에서 쫓겨나서 사탄과 함께 세상을 살게 되었습니다. 그래서 이 세상에 사는 모든 사람들은 사탄의 지배하에 고통 가운데 살게 된 것입니다. 사람들이 사는 세상은 가난하고 병들고 싸우고 죽어 가는 것입니다.

그렇다면 전지전능하신 하나님께서는 사람이 사탄의 말을 듣고 하나님을 배반할 것을 모르셨을까요? 사탄은 어디서 나타난 것일까요?

사람들은 이것을 잘 이해하지 못합니다. 사람은 영과 혼과 육으로 구성되어 있습니다. 육은 흙으로 만드셨기 때문에 흙에서 나온 음식을 먹고 삽니다. 혼은 세상을 살아가는 정신세계입니다. 그래서 세상 지식을 먹고 살아야 합니다. 그러나 영은 하나님과 함께 영원히 사는 능력이기에 하나님의 말씀을 먹고 살아야 합니다. 하나님께서는 인간을 영적인 존재로 만드시고 영원히 살 수 있게 하기 위해서 명령을 주셨습니다.

영적인 존재란 인격체를 뜻합니다. 인격체란 지성, 감정, 의지가 있다는 뜻합니다. 인간이 살아가는 3대 요소인 지정의는 절대 필요합니다. 그중에서 의지가 살아가는 방향을 결정합니다. 자기 의지대로 결정할 수 있는 권리가 자유의지입니다. 결정권이 없다면 인격체가 아닙니다. 영적인 존재가 영원히 살기 위해서는 하나님의 말씀, 즉 하나님의 명령이 필요합니다. 그래서 사람에게도, 천사에게도 하나님이 명령을 주신 것입니다. 그런데 첫 사람 아담이 사람에게 주신 명령을 어겼습니다.

전지전능하신 하나님께서도 하실 수 없는 일이 있습니다. 하나님은 절대로 죽을 수도 없습니다. 공의로우신 하나님은 죄는 반드시 벌해야 합니다. 영적인 존재에게 영생을 주시기 위해서 명령을 주셨는데 인격체인 천사나 인간이 강제적으로 순종하도록 하실 수가 없습니다. 그들에게 자유의지를 주었기 때문입니다. 그들은 순종할 수도 있고 불순종할 수도 있습니다. 하나님께서 사람에게 자유의지를 준 목적은 순종하여 영생을 주기 위한 것입니다.

하나님이 사람을 창조하신 것은 사랑하고 사랑을 받기 위해서입니다. 그러나 천사를 창조하신 목적은 하나님이 섬김을 받는 일입니다. 성경에 천사가 언제 어떻게 타락했다는 내용이 자세하게 기록되지는 않았습니다. 그러나 이사야서 14장이나 에스겔 28장이나 요한계시록 12장의 기록을 보면 하나님을 섬겨야 할 천사가 하나님을 배반하였습니다. 하나님을 섬기라는 명령을 어기고 자기가 섬김을 받으려고 했던 것입니다. 그래서 하나님께서는 배반한 천사를 가두고 멸망시키기 위해 흑암을 만드셨다고 합니다. 이 사건은 창세기 전의 사건입니다. 그런데 사람들이 사탄에게 속아서 하나님을 배반하고 사탄의 노예가 되었습니다.

이렇게 타락한 인간은 사탄이 지배하에 점점 더 죄를 짓게 되었습니다. 심지어 하나님께서 창조하신 남자와 여자의 구분도 없다고 주장하며 혼음, 동성 간의 섹스도 죄라고 여기지 않았습니다. 그래서 하나님께서는 경건한 하나님의 자녀를 얻기 위해서 노아의 8식구를 제외하고 홍수를 통해서 모든 인간들을 멸망시켰습니다.

이 땅에는 당시에 가장 순종적인 노아의 8식구만 남게 되었습니다. 셈과 함과 야벳의 세 아들을 통해서 인구가 점점 불어났습니다. 그런데 그들도 역시 사탄의 지배하에 있었습니다. 그들은 노아의 홍수 사건을 통해서 배워야 할 교훈이 있었습니다. 하나님의 말씀에 순종하며 살아야 했습니다. 더 이상 죄를 지으면 안 된다는 것을 깨달아야 했습니다.

그런데 그들은 모여서 하나님께 대항하려고 했습니다. 그것이 바벨탑 사건입니다. 하나님은 이제 더 이상 물로 심판하지 않겠다고 무지개 언약을 주셨습니다. 그리고 온 지면에 흩어져서 번성하라고 하셨습니다. 바벨탑 사건은 또 다시 하나님께서 물로 심판한다고 할지라도 우리가 높은 건물을 지어서 그곳으로 피난하면 죽지 않을 것이라고 한 계획입니다. 그들은 무지개 언약을 믿지 않았던 것입니다. 또한 하나님께서 사람들이 온 세계로 편만하게 퍼져 나가기를 원했습니다. 그런데 그들은 흩어짐을 면하자 하며 하나님의 뜻과 정반대로 살기 위해서 바벨탑을 만든 것입니다. 바벨탑 사건은 하나님의 뜻을 정면으로 거부한 사건입니다.

하나님께서는 그들이 더 이상 모여서 하나님을 대적하는 일을 못하도록 사람들의 언어를 혼잡하게 하여 하나님께 대항하는 것을 그치게 했습니다. 오늘날 지구상에 존재하는 언어는 대략 7,000가지라고 합니다. 현재 성경은 약 1,500가지 언어로 번역이 되었습니다.

성경은 하나님이 하신 말씀을 직접 받아서 쓴 것은 아니지만 그분에 의해 완벽하게 인도되었고, 성경 전체가 영감을 받아서 기록된 것입니다. 디모데후서 3장 16절은 성경은 하나님의 감동으로 된 것이라고 말하고 있습니다. 인간의 입장으로 보면, 성경은 1,500년 동안 다양한 배경을 가진 약 40명의 사람들에 의해 기록되었습니다. 그러나 성경에는 우리 구원을 위해 예수님을 세상에 보내실 것을 예언한 구약 성경과 그 예언대로 예수님이 오셔서 우리의 모든 죄를 대속해 주시기 위해서 십자가에서 죽으시고, 3일 만에 부활하셔서 승천하시고 재림하시겠다는 약속을 하신 신약 성경이 있습니다.

성경 전체를 간략하게 나열하면, 천지 창조와 인간 창조, 인간의 타락과 구원의 약속, 인간의 죄악이 관영하여 할 수 없이 믿음의 사람 노아를 제외하고 홍수로 전 인류를 멸망시켰습니다. 이것이 선사 시대의 기록입니다. 노아의 후손들이 모여 하나님을 대적하기 위해 바벨탑을 쌓다가 하나님께서 언어를 흩어 버리셨습니다. 그들은 저절로 땅끝까지 흩어지게 된 것입니다.

그 후에 아브라함을 택하시고 그의 후손으로 메시야가 오실 것을 약속하셨습니다. 아브라함, 이삭, 야곱으로 이어지다가 야곱의 12 아들들이 애굽으로 피난 가서 400년을 살면서 이스라엘 민족을 이루었습니다. 여기까지가 창세기의 내용입니다.

모세를 통하여 이스라엘 백성들이 출애굽하는 내용과 하나님을 섬기는 율법을 주시고 그 법대로 이스라엘 백성들은 처음에는 사사들을 통해서 통치하다가, 왕국을 세워서 통치하는 내용이 구약 성경의 전체 내용입니다.

"주 여호와께서는 자기의 비밀을 그 종 선지자들에게 보이지 아니하시고는 결코 행함이 없으시리라." (아모스 3:7)

하나님께서는 그때마다 사람들을 사용하셨습니다. 아브라함을 이삭, 야곱을, 모세를 사용하시는 하나님께서는 애굽의 바로도 하나님께서 사용하신 것입니다. 요셉과 유다, 다윗을 사용하시는 하나님께서는 그때마다 선지자들을 사용하시기도 하였습니다. 그리고 앞으로 될 일들을 알려 주시고 그 예언대로 이루어진 것을 역사를 통해서 우리는 알 수 있습니다.

구약의 예언대로 예수님이 이 땅에 오셔서 우리를 구원하셨습니다. 이 내용이 4복음서에 기록되어 있습니다. 그리고 예수님은 다시 우리에게 재림하실 것을 약속하셨습니다. 이제 머지않아 예수님은 재림하실 것입니다. 예수님은 구약에서도 에스겔, 다니엘 등을 통해서 약속하셨지만 요한계시록을 통해서 예수님의 재림을 구체적으로 약속하셨습니다. 이제 이 세상은 예수님의 예언대로 재림하시기 전에 일어날 일들이 하나씩 하나씩 구체적으로 이루어져 가고 있습니다.

"많은 사람이 빨리 왕래하며 지식이 더하리라." (다니엘 12:4)

역사 이래로 지금처럼 빨리 왕래하고 지식이 하루 사이에 급발전한 경우는 없었습니다. 컴퓨터, 인터넷, ChatGPT로 지식은 하루 하루 급변합니다.

또한 예수님을 십자가에 못 박았던 이스라엘 백성들이 전 세계로 흩어져 살다가 에스겔서 36장을 통하여 다시 본토로 귀환하고 나라를 세울 것이라고 하였습니다. 그 과정에서 세계 대전이 일어났습니다. 1차 대전, 2차 대전으로 결국 이스라엘 나라가 세워지게 되었습니다. 그리고 에스겔 39장을 통하여 3차 대전이 일어날 것도 예언하였습니다. 러시아와 그 연합국이 이스라엘을 공격하는 것이 3차 대전이 될 것입니다. 그때 핵무기를 사용할 것입니다. 그 전쟁으로 말미암아 세계 인구 1/3이 멸망된다고 요한계시록에 기록되었습니다. 그리고 그 전쟁 잔해를 치우는 기간이 7년이 걸린다고 하였습니다. 그 외에도 세계가 하나가 되어 하나님을 대적할 것과 곳곳에 기근과 지진이 발생한다고 하였습니다. 노아 홍수 전에 사람들이 성적으로 타락하여 동성애에 빠진 것처럼 지금 온 세계가 동성애가 합법이라고 주장하며 그들이 모여 축제를 벌이는 것을 목격하고 있습니다.

요한계시록에 따르면 예수님이 지상 재림하시기 전에 성도들을 공중으로 휴거시켜 주실 것입니다. 그리고 3차 대전이 일어납니다. 3차 대전이 끝나게 되면 휴거되었던 성도들과 함께 예수님이 지상으로 재림하실 것입니다. 그리고 천년 왕국이 세워집니다.

천년왕국이 끝날 때 사탄과 끝까지 예수님을 믿지 않고 하나님을 대적하는 무리들을 지옥 불에 영원히 처넣으시고, 이 땅은 더 이상 할 일이 없기 때문에 이 땅은 블랙홀에 던져서 없애 버리시고, 우리를 신천 신지로 옮기시고 영원히 살게 하실 것입니다.

그리고 성경은 이렇게 끝납니다.

"이것들을 증언하신 이가 이르시되 '내가 진실로 속히 오리라' 하시거늘 아멘 주 예수여 어서 오시옵소서. 주 예수의 은혜가 모든 자들에게 있을지어다. 아멘" (요한계시록 22:20-21)

"후 앰 아이(who am I)?", "나는 누구인가?"
"나는 하나님의 동역자이다."
"예수님은 반드시 재림하신다."
"예수님의 재림으로 이 땅은 심판받을 것이다."

## 2

## 나는 부자로 살아갈 것이다

"우리 주 예수 그리스도의 은혜를 너희가 알거니와 부요하신 이로서 너희를 위하여 가난하게 되심은 그의 가난함으로 말미암아 너희를 부요하게 하려 하심이라." (고린도후서 8:9)

우리를 향하신 하나님의 소원은 우리가 부자로 사는 것입니다. 그래서 성경 곳곳에 풍요를 약속해 주셨습니다. 때를 따라 비를 내리셔서 모든 곡식이 잘 자라게 해 주십니다. 또한 우리가 주의 사역을 하려면 돈은 필수입니다. 돈이 있어야 선교도 할 수 있고 목회도 할 수 있습니다. 그래서 하나님께서는 우리에게 풍요를 축복해 주신 것입니다. 예수님이 가난하게 사신 것은 우리가 부자로 살기 위함이라고 하셨습니다.

우리는 부자가 되어야 합니다. 그러나 악한 마귀는 부자로 사는 것이 죄라고 속입니다. 돈을 사랑하는 것이 일만 악의 뿌리라고 가르쳤습니다. 가난한 것이 선한 것처럼 우리를 속였습니다.

교회에는 돈이 절실히 필요합니다. 그러나 교회에서 돈 이야기를 하면 사람들이 시험에 든다고 합니다. 속지 마세요. 하나님은 우리가 부자로 살기를 원하십니다. 교회에서는 돈 버는 방법도 가르쳐야 합니다. 십일조를 내면 부자가 된다는 막연한 방법이 아니라 구체적으로 돈 버는 방법도 가르쳐야 합니다.

내가 앞으로 이루기를 원하는 것은 선교의 일입니다. 다 늙은 내가 어느 선교지에 가서 선교하는 것이 아닙니다. 이미 선교사님들이 세계 곳곳에 파송되어 있습니다. 그 선교사들을 도와야 합니다. 저는 선교지에 다니며 가르치는 일을 하고 있습니다. 남미 아르헨티나, 페루, 쿠바 등을 다녔습니다. 아직도 전쟁터인 우크라이나를 9번 이상 다녀왔습니다. 중국을 20번 이상 다녀왔습니다. 유럽 지역을 수십 번 다녀왔습니다. 선교지는 어디든지 선교자금이 필요합니다. 파송된 교회에서 넉넉히 선교비를 보내 주는 곳은 어디에도 없습니다. 선교사들이 얼마나 힘들게 선교하고 있는지 현지를 방문해 보면 알게 됩니다.

그래서 나는 하나님께서 나에게 돈을 허락하신다면 이렇게 하겠다고 약속했습니다.

선교지 개척교회 건축 100개 이상, 선교사가 파송되어 있는 지역에 선교 센터 건축 100개, 선교사 지원, 선교비 마련을 위해 미국에 아파트 100세대 구입. 엘에이와 한국에 거주할 주택 구입 등등… 이렇게 하려면 최소한 1억 불 이상의 돈이 필요합니다. '지금부터 나에게 1억 불 이상의 돈을 주시옵소서' 하고 기도하고 있습니다.

나는 가난이 얼마나 힘든지 잘 알고 있습니다. 가난은 결코 축복이 아니라 저주입니다. 내가 어렸을 때는 '먹고 살게 하옵소서'라는 가장 원초적인 기도만 하였습니다. 그리고 내가 안정된 직장을 갖게 되었을 때도 내가 필요한 주택을 위해서 기도했고, 은퇴한 다음에 편히 살 수 있도록 기도하였습니다. 하나님께서는 내가 구하는 대로 이미 이루어 주셨습니다. 뉴저지에 내가 살 집과 매달 월세가 들어오는 집이 있습니다. 정부에서 나오는 연금과 월세를 받으면 앞으로 충분하게 살 수 있습니다.

그러나 이제는 다릅니다. 하나님께서 나에게 허락만 해 주신다면 나는 정말 부자로 살고 싶습니다. 믿고 구하면 반드시 이루어진다고 약속하셨습니다. 그리고 기도만 하라는 것이 아니었습니다. 마태복음 7장 7, 8절은 이렇게 말합니다.

"구하라 그리하면 너희에게 주실 것이요. 찾으라 그리하면 찾아낼 것이요. 문을 두드리라 그리하면 너희에게 열릴 것이니, 구하는 이마다 받을 것이요 찾는 이는 찾아낼 것이요 두드리는 이에게는 열릴 것이니라."

구해야 하고, 찾아야 하고, 문을 두드려야 합니다. 구하면 하나님께서 주십니다. 그러나 그것이 어느 통로로 오는지, 누구를 통해서 오는지, 내가 찾아야 합니다. 그리고 그것이 현실이 되기 위해서는 반드시 문을 열고 들어가야 합니다. 내가 선교지에서 일할 때 돈이 간절하게 필요했습니다. 그래서 주님께 기도하였더니 주님은 나에게 이렇게 응답하셨습니다.

"하나님은 그가 기뻐하시는 자에게는 지혜와 지식과 희락을 주시나 죄인에게는 노고를 주시고 그가 모아 쌓게 하사 하나님을 기뻐하는 자에게 주게 하신다." (전도서 2:26)

그 후로 나는 하나님께서 내가 원하는 큰돈을 주실 것을 믿었습니다. 그러나 찾고 두드리는 것을 하지 않았습니다. 목회 하는 가운데 돈 버는 일은 할 수가 없었습니다. 그러나 이제는 은퇴를 하였기 때문에 내가 벌어도 됩니다. 나는 원래 경제학, 경영학을 공부했습니다. 그리고 은행에서 16년 동안 일했습니다. 그래서 돈의 흐름을 알고 그 돈을 운용하는 것을 압니다.

그러나 돈 버는 일은 하지 않았습니다. 그래서 나는 나이 75세가 되어 미국에서 부동산 라이선스를 땄습니다. 그리고 시간 날 때마다 주식 투자를 공부하였습니다. 그리고 또한 간혹 미국 LOTTO를 구입하기도 합니다. 미국 LOTTO는 1억 불 이상이 될 때가 많습니다. 한 장 구입하는 데는 2불밖에 안 됩니다. 그래서 1억 불 이상이 될 때 나는 2불씩을 투자합니다. 어느 구름에서 비가 올지는 모르기 때문입니다. 그러나 주님께서는 어떤 방법이 될지 모르지만 분명히 나에게 주시겠다고 약속하셨기 때문에 이루어질 것입니다.

　지금 현재 나는 가난하지 않습니다. 살기 좋은 미국 뉴저지에 집을 가지고 있습니다. 그리고 매달 월세가 들어오는 집이 한 채 더 있습니다. 그리고 연금도 매달 들어옵니다. 나와 내 아내가 죽을 때까지 살아가는 데는 부족하지 않습니다. 그러나 주님께서 나에게 맡겨 주신 사명, 땅끝까지 복음을 전하는 데는 절대적으로 부족합니다. 그래서 내가 부자로 살되 큰 부자가 되어야 합니다. 큰 부자가 되는 것이 나의 첫째 믿음입니다.

# ③

## 나는 건강하게 살아갈 것이다

　미숙아로 태어난 나를 하나님 아버지께서는 건강케 해 주셨습니다. 태어난 이후에도 먹을 것이 없어서 제대로 성장하지 못했습니다. 10살이 되어 초등학교에 입학할 때에도 비틀비틀 겨우 걸었습니다. 다른 공부는 다 잘 했지만 체육 시간에는 항상 꼴찌만 했습니다. 운동회가 열리는 날에 100미터 달리기를 했습니다. 다른 아이들은 다 목표점까지 달렸지만 나는 중간도 못 달렸습니다. 그런데도 나는 끝까지 최선을 다해서 달렸습니다. 응원을 하던 학부모들은 처음에는 제가 비틀비틀 달리는 모습을 보고 웃었지만 내가 최선을 다해서 끝까지 달리는 모습을 보고 큰 소리로 응원하며 박수를 쳐 주었습니다.

　그런데 3학년 때 예수님을 영접한 후에는 내 건강이 많이 좋아졌습니다. 없어서 못 먹었지만 무엇이든지 잘 먹었습니다. 그리고 중학교에 다닐 때는 보통 아이들처럼 달릴 수도 있었고 장거리를 걸어 다니는 데 불편이 없었습니다. 8킬로미터를 아침저녁으로 걸어야 했기 때문에 저절로 건강해진 것 같습니다.

고등학교를 다닐 때도 먹을 것이 없어서 배부르게 먹는 것이 소원이 될 정도로 거의 굶고 다녔습니다. 낮에는 신문팔이를 하고 저녁에는 야간 수업을 하는데도 감기 한 번 걸리지 않고 건강했습니다.

2학년이 되었을 때 제일 힘들었습니다. 장마철이 되어 신문팔이도 못하고 돈을 벌 수가 없었습니다. 내 수중에는 오직 30원밖에 없었습니다. 그것을 시장에 가서 무엇을 사 먹으려고 찾아보았더니 옥수수 가루가 있었습니다. 당시에는 라면은 우리나라에 없었습니다. 30원으로 옥수수 가루 한 되를 샀습니다. 끓는 물에 옥수수 가루 한 순갈을 넣고 끓여서 식히면 묵처럼 굳어집니다. 그것을 먹고 한 달을 지냈습니다.

그 후에 공무원이 되어 나는 평생 먹는 걱정은 하지 않게 되었습니다. 5개월의 월급으로 야간에서 주간으로 옮겨 학교 다녔고 학교를 졸업하면서 은행원이 되었습니다.

그 후부터 먹을 것이 없어서 굶어 본 적은 한 번도 없었습니다. 또한 먹기 싫어서 굶어 본 적도 한 번도 없었습니다. 모든 음식은 하나님께서 우리에게 주신 선물입니다. 하나님께서 주신 음식을 감사함으로 받으면 버릴 것이 없다고 하셨습니다. (디모데전서 4:4)

나는 금식 기도를 정말 싫어합니다. 없어서 못 먹었던 것도 너무나 억울한데 먹을 것이 넘치는데 굶는다는 것은 정말 싫었습니다.

그러나 때로는 금식 기도를 해야 합니다.

> "내가 기뻐하는 금식은 흉악의 결박을 풀어 주며 멍에의 줄을 끌러 주며 압제 당하는 자를 자유하게 하며 모든 멍에를 꺾는 것이 아니겠느냐?" (이사야 58:6)

세상을 살다 보면 해결하지 못한 수많은 일들이 부닥칩니다. 대부분 믿음으로 싸워 나가면 해결됩니다만 해결되지 않는 큰 문제에 부닥치면 금식 기도를 합니다. 나도 금식 기도를 많이 했습니다. 3일 금식은 수시로 했습니다. 일주일 금식, 다니엘 금식 기도, 40일 금식 기도도 하였습니다. 금식 기도는 기쁘게 하지만 식대를 놓쳐 본 적이 없습니다. 나는 미식가가 아니라 무슨 음식이든 맛있게 먹기 때문에 특별히 맛을 찾아다닌 적은 없습니다.

은행에 다니다가 군대에 들어갔습니다. 신체검사에서 갑종으로 대한민국의 당당한 군인이 되었습니다. 내 평생 가장 건강하였던 적은 역시 군대 생활이었습니다. 조금 힘들게 운동을 하지만 정확한 식사 시간은 나를 건강케 한 것 같습니다. 가장 억센 유격훈련도 두 번이나 받았고, 김신조 일당이 내가 제대하기 한 달 전에 내려와서 48개월의 군대 생활을 하게 되었습니다. 최전방에서 군대 생활을 하였지만 규칙적인 생활을 하였기 때문에 건강해졌고 하나님 아버지께서 나를 항상 지켜 주신 것입니다.

하나님께서는 나를 항상 건강하게 하셨습니다. 내 나이 80세가 되었지만 병원에 한 번도 입원해 본 적이 없습니다. 사고를 당하기도 했지만 머리칼 하나 상하지 않게 보호해 주셨습니다. 음식이 먹기 싫고 밥맛이 없어진 적도 한 번도 없었습니다. 나는 무슨 음식이든지 먹을 것을 주신 것을 항상 감사합니다.

미국 미네소타에서 사진관을 운영하던 엔스트롬씨는 빵 한 조각을 놓고 감사 기도를 하는 노인을 보고 사진을 찍었습니다. 그것이 유명한 감사 기도 하는 노인의 모습입니다. 나도 무슨 음식이든지 먹을 수 있다는 것을 정말로 감사 기도를 하고 먹습니다. 어떤 음식도 가려 본 적이 없습니다. 세계 곳곳에 다니지만 어느 나라 음식이든지 다 감사하며 맛있게 먹습니다.

그리고 중학교 때 아침저녁으로 8킬로미터씩을 걷던 습관으로 걷는 데 불편이 없습니다. 지금도 매일 8킬로미터는 걷고 있습니다. 하나님께 기도하며 걷다 보면 한 시간 이상씩 걷게 됩니다. 나에게 125년을 살게 해 주신다면 그때까지도 8킬로미터씩 매일 걸으려고 합니다. 모세처럼 120세 때에도 걸어서 느보산에 올라갈 것입니다.

"나는 하나님의 아들이다. 나는 건강하다. 예수님께서 채찍에 맞으심으로 나의 모든 병은 담당하셨다. 나는 건강하게 평생을 살 권리가 있다. 나는 건강하다."라고 항상 생각하며 말로 선언하고 있습니다.

"약한 자도 이르기를 나는 강하다 할 지어다" (요엘 3:10)

살다 보면 안 아픈 것이 오히려 이상하다고 합니다. 나이가 드신 분들은 항상 '나는 어디가 아프다'라고 말합니다. 그러나 제발 아프다고 말하지 마시고 '나는 건강하다.'라고 말하십시오. 당신이 말한 대로 당신의 몸은 따라갑니다.

무엇이든지 잘 먹고 적당한 운동을 하며 스트레스를 받지 않고 살면 건강은 당연히 따라옵니다. '나는 건강하다'라고 말하면 당신은 건강해집니다. 믿음은 바라는 것들의 실상입니다. 내가 믿고 선언하면 그대로 됩니다.

내가 건강하지 않고 사람들에게 예수를 믿으면 당신들도 건강하게 된다고 선언할 수 없습니다. 성경은 분명하게 말씀하셨습니다. "예수님이 채찍에 맞으심으로 우리의 모든 질병을 담당하셨다"고. 하나님께서는 나에게 신유의 은사를 주셨습니다. 예수를 믿고 하나님 앞으로 나온 모든 사람들을 말씀으로, 기도로, 귀신을 쫓아냄으로 그들을 치유할 것입니다.

"후 앰 아이(who am I)?", "나는 누구인가?"
"나는 하나님의 아들이다."
"나는 하나님의 동역자이다."
"나는 믿음의 사람이다. 내가 믿는 대로 될 것이다."

**4**

## 나는 125세까지 살아갈 것이다

인간의 수명은 얼마일까요? 우리는 얼마나 더 살게 될까요?

통계적으로는 기대 수명이 나옵니다. 그러나 그것은 믿지 않는 세상 사람들의 통계에 불과합니다. 우리 믿는 사람들은 언제까지 사는 것이 하나님의 뜻일까요?

물론 살고 죽는 것은 하나님의 손에 달렸습니다. 그러나 하나님은 우리에게 믿음을 주셨습니다. 예수님께서도 항상 '네 믿음대로 될 지어다'라고 하셨습니다.

믿음은 무엇입니까? 믿음은 바라는 것의 실상이라고 하셨습니다(히브리서 11:1). 하나님은 우리에게 소원을 주시고 그 소원을 이루게 하신다고 약속하셨습니다(빌립보서 2:13). 우리 인간에게 소원을 주시고 그 소원을 갖게 되면 그것을 위해서 기도하게 되고 그렇게 살려고 노력하게 됩니다. 그러면 하나님께서는 우리가 구하는 것에 응답해 주십니다.

그렇다면 나는 언제까지 살아야 할까요? 사람들은 "구구팔팔이삼사" 하고 싶다고 합니다. 무엇을 근거로 하는 말일까요? 아무 근거도 없는 말입니다. 우리의 삶은 성경의 말씀을 근거해야 합니다. 많은 사람들이 '인생은 칠십이고 강건하면 팔십이라'는 시편 90편 10절이 우리 수명이라고 믿고 있습니다. 아닙니다. 시편 90편은 모세가 이스라엘 백성들에게 한 말입니다. 그들은 하나님의 말씀을 거역한 죄로 광야에서 38년을 살면서 다 죽어 가고 있었습니다. 그들의 2세들만이 가나안에 들어갈 것을 알고 있기 때문에 모세가 죽기 직전에 느보산에서 마지막으로 이스라엘 백성들에게 한 설교입니다.

그렇다면 하나님은 무엇이라고 하셨을까요? 성경에서는 하나님께서 죄지은 인간들의 수명을 창세기 6장 3절에서 말씀하신 것밖에 없습니다.

> "여호와께서 이르시되 '나의 영이 영원히 사람과 함께 하지 아니하리니 이는 그들이 육신이 됨이라. 그러나 그들의 날은 백이십 년이 되리라' 하시니라." (창세기 6:3)

하나님께서 인간의 수명이 120년이라고 했다면 그건 우리 인간의 기본 수명입니다. 그랬는데 왜 하나님을 믿는다는 사람들이 하나님의 말씀을 믿지 못하고 있는지 이해가 가지 않습니다. 최소한 우리 수명이 120이 기본 수명이라고 한다면 그때까지 우리는 어떻게 살 것인가를 계획을 세우고 기도하며 살아야 할 것입니다.

그런데 왜 우리들은 겨우 100세까지만 살기를 바랄까요? 우리는 최소한 기록된 하나님의 말씀대로는 살아야 합니다. 믿음은 바라는 것들이 현실로 된다고 하였습니다. 여러분은 믿고 구하면 건강하게 120세까지 살 수 있습니다.

나는 어느 날 영적으로 기도하시는 분을 만나 함께 기도하였습니다. 그분은 나에게 원래 80까지 사는 것이 나의 운명인데 믿음으로 125세까지 살게 되었다고 하셨습니다. 내가 바라는 120세가 아니라 5년을 덤으로 주신 것입니다. 그래서 나는 항상 125세까지 산다고 합니다.

125세까지 산다고 할지라도 45년밖에 안 남았습니다. 그동안 1억 불 이상의 자금도 마련해야 합니다. 100개 이상의 교회도 건축해야 하고 100개의 선교 센터도 건축해서 내가 그곳에서 하나님의 말씀을 선해야 합니다. 이것이 앞으로 살아갈 나의 꿈입니다. 나의 믿음입니다. 이것을 미리 발표하는 것은 이 책을 보는 여러분들이 나의 증인이 되기 위한 것입니다. 앞으로 45년 동안은 지금보다 더 바빠 지낼 것입니다.

"후 앰 아이? 나는 누구인가?"
"나는 하나님의 아들이다." 나는 나의 신분을 한시도 잊지 않고 살아왔습니다. "나는 하나님의 아들이다"라는 고백을 할 때마다 하나님 아버지께서는 나에게 너무나 큰 축복을 주셨습니다. 내 힘으로는 할 수 없는 수많은 기적들을 보여 주셨습니다.

여러분은 스스로 자기가 누구라고 생각하십니까? 여러분도 예수를 믿어 하나님의 자녀가 되십시오. 그리고 하나님의 아들로 당당하게 살아가십시오. 그리고 하나님 아버지께서 원하시는 사람이 되십시오. 이 세상의 그 어떤 것보다 하나님과 함께 사역하는 것이 가장 귀중합니다. 여러분의 처한 위치에서 최선을 다해서 살아가십시오. 그것이 하나님께서 당신에게 원하시는 것입니다.

내가 부자로, 건강하게, 125세까지 살기를 원하는 것은 하나님께서 나에게 맡겨 주신 사명을 끝내기 위함입니다. 125세까지 살기를 원한다고 해서 내가 125세까지 살았느냐 하는 것을 증명해 줄 사람은 거의 없습니다. 앞으로 45년 이후의 일입니다. 그리고 45년 동안 산다고 할지라도 건강하게 살지 않으면 아무 소용없습니다. 나는 125세까지 건강하게 살기를 원합니다. 건강하게 살았느냐 하는 것도 증명하려면 45년 이후에야 가능합니다. 그러나 부자로 사는 것은 현실이 되어야 합니다. 그래서 제1 목표를 부자로 사는 것을 목표로 삼고 나는 구호를 외칩니다.

"부건수 필사명(富健壽 必使命)!" "부건수 필사명(富健壽 必使命)!"

"후 앰 아이(who am I)?", "나는 누구인가?"

"나는 하나님의 아들이다."

"나는 하나님의 동역자이다."

"나는 믿음의 사람이다. 내가 믿는 대로 될 것이다."

**Who am I?**

ⓒ 오아론, 2025

초판 1쇄 발행 2025년 2월 5일

| | |
|---|---|
| 지은이 | 오아론 |
| 펴낸이 | 이기봉 |
| 편집 | 좋은땅 편집팀 |
| 펴낸곳 | 도서출판 좋은땅 |
| 주소 | 서울특별시 마포구 양화로12길 26 지월드빌딩 (서교동 395-7) |
| 전화 | 02)374-8616~7 |
| 팩스 | 02)374-8614 |
| 이메일 | gworldbook@naver.com |
| 홈페이지 | www.g-world.co.kr |

ISBN 979-11-388-3957-0 (03230)

- 가격은 뒤표지에 있습니다.
- 이 책은 저작권법에 의하여 보호를 받는 저작물이므로 무단 전재와 복제를 금합니다.
- 파본은 구입하신 서점에서 교환해 드립니다.